中国器官移植先驱

夏穗生

A Biography of
Xia Suisheng

传

楼惠子 著

团结出版社
UNITY PRESS

图书在版编目（ＣＩＰ）数据

中国器官移植先驱：夏穗生传 / 楼惠子著 . -- 北
京：团结出版社，2024.4
ISBN 978-7-5234-0885-8

Ⅰ . ①中… Ⅱ . ①楼… Ⅲ . ①夏穗生（1924-2019）
－传记 Ⅳ . ① K826.2

中国国家版本馆 CIP 数据核字 (2024) 第 064927 号

出　版：团结出版社
　　　　（北京市东城区东皇城根南街 84 号　邮编：100006）
电　话：（010）65228880　65244790（出版社）
　　　　（010）65238766　85113874　65133603（发行部）
　　　　（010）65133603（邮购）
网　址：http://www.tjpress.com
E-mail：zb65244790@vip.163.com
　　　　tjcbsfxb@163.com（发行部邮购）
经　销：全国新华书店
印　装：三河市东方印刷有限公司

开　本：160mm×230mm　16 开
印　张：14.75
字　数：184 千字
版　次：2024 年 4 月　第 1 版
印　次：2024 年 4 月　第 1 次印刷

书　号：978-7-5234-0885-8
定　价：49.00 元

自 序

　　器官移植被誉为二十世纪最伟大的医学奇迹之一，挽救了无数患者的生命。与一般外科手术不同的是，许多时候它必须同时面对两个生命，同时面对死的无奈与生的渴望，在安顿亡灵的同时挽回生命。而移植医生的眼里不能有一滴泪水，心里不能有一丝慌张，手上更不能有一分差错。在医学里，人类对科学无止境的探索与对同类无私的救助使得科学的精神与人道主义的力量熠熠生辉。而对器官移植来说，以一物替一物而救一人，更是彰显出了人类的智慧、勇气与仁心。这也是为什么器官移植从其一出现便站在了人类医学的巅峰之上，被称为"医学皇冠上的明珠"。

　　人类对器官移植的幻想与憧憬远古已有之，但在现实中，由于存在手术难度大、器官排斥反应、社会伦理道德和习俗等种种障碍，人类历史上第一台成功的器官移植手术并没有多长的历史。那么，器官移植这个有些魔幻现实主义色彩的医术到底是怎样来到中国并在中国发展起来的呢？

　　本书希望通过记录夏穗生，一个中国器官移植先驱的人生轨迹来回答这个问题，一方面是纪念先贤在跌宕起伏的历史背景中所走过的曲折一生，另一方面则是因为他的故事正好反映了中国器官移植事业从梦想到现实、从实验到临床的历程。

　　夏穗生是一个典型的二十世纪二十年代出生的中国知识分子。他出生在江南一个地主绅商家庭，中学与大学时期经历了日本侵华战争、太平洋战争和解放战争，在残酷的战争环境下，在风云变幻的历史大背景中，他艰难地完成了全部学业，成为一名医生。而在战争中，他亲眼见到了外科手术救人的实效，便义无反顾地选择了外科的道路。

新中国成立后，一连串的政治运动让他的理想、志向与难以企及的才华在动荡的年代里难以实现，但在无法抗拒的时代洪流中，他始终坚守着科学的理想与人道主义的悲悯情怀。无论是早期的肝切除手术、"大跃进"期间尝试性的狗肝移植实验，还是1973年开始的130例狗肝移植实验，都反映了他对科学的探索与追求。

改革开放后，已经54岁的夏穗生奋力改写命运的苦难，弥补历史的缺憾，克服重重困难，逐渐将各种不同器官移植和多器官联合移植搬上临床，开创了器官移植事业并培养了大批接班人。作为中国器官移植的先驱，夏穗生的一生都献给了中国器官移植事业。2013年3月26日，已经89岁的他正式登记成为一名器官捐献志愿者。在签字仪式上，他留下一句话："没有器官就没有器官移植手术，再有能力的医生也无法挽救患者的生命，所以捐献者是伟大的，对以救死扶伤为己任的医生来说，捐献遗体器官是本分工作。"按照他本人遗愿，夏穗生逝世后捐献了自己的眼角膜。

本书亦献给每一位器官捐献者和他们的亲属，是他们的爱化死为生。

本书的写作全部基于真实材料，笔者试图将夏穗生与其家族放到他们所属的时代背景中来叙述，特意将夏穗生的家族背景、成长、求学、从医的经历与中国近现代史、医学史、器官移植史相结合，这种人文历史与医学交叉的写法也使得本书具备了一定的知识性与科普性，适合读者阅读。

笔者使用的材料包括夏穗生的日记、手稿、各种书籍、文章、口述资料，还包括夏穗生的同人、学生、乡亲所提供的一些信息等，希望能使读者们感受到一种家族与个人命运在变幻的历史背景中浮沉的厚重感。由于所写内容时间跨度大，笔者得到了大量亲朋好友的指导、帮助与鼓励，在此不一一致谢，但请相信笔者已经将所有的感激铭记在心。

当然，最应该感谢的，还是夏穗生。他是个纯粹的外科医生，惯看生死，一生都拿着柳叶刀，站在生死之间，化死为生。而笔者所做的，只不过是简单地效仿他的勇气，为他写下人间这生死的轮替。

笔者最后一次见到夏穗生是在 2019 年 4 月 20 日，汉口殡仪馆，他的追悼会上。在人间四月芳菲尽之时，在放下了一切荣誉后，他的身上仅覆盖着白色的花，大概也只有那些洁白无瑕的花才配得上一个医生纯粹的灵魂。在一切尘归尘、土归土之后，留于人间的唯有他的学识、风骨与仁心。

时间终会带走一切，但夏穗生所做的一切还是在拼尽全力为人们留住他们所爱的人。从这种意义上看，文学倒是和医学一样，只不过一个用刀一个用笔而已。夏穗生以血水写就的移植人生，笔者在此只是以泪水略述而已，但笔者在此所写的一切也都是在拼尽全力为我们留住我们所爱的人，尽管时间已经带走了一切。

楼惠子

2020年11月27日于深圳蛇口

目 录 ●────────────────────────────

第一章
夏家大少爷

一 江南

一切要从江南说起。

国人对家乡总是有着超乎想象的执念，人杰地灵这个词便由此而来，而这个词用来形容江南再合适不过了。在漫长的岁月中，江南一词的具体范围虽然屡有变化，但并不妨碍它集所有美好于一身，成为那个魂牵梦绕的所在。

到底何处是江南并没有定论，字面上的江南是指长江以南，但事实上绝非如此。江南大可包括苏皖南部、浙江全部及江西大部，小则仅为太湖东部平原之一角，中则为苏南、浙北与上海地区。但江南的意义早已不仅限于地理、文学、艺术、社会、文化的领域，它早已成了一个情结，一个关于梦和美的想象载体。

不仅数不尽的诗文、绘画都在竭尽全力地描绘它的美好，命运对它也是格外垂青。早在春秋战国时，吴、越就已经开发江南，虽然那时无法与中原相较，但江南的土壤、水利与气候就已经显示出它的潜力。东晋之后，出现大规模的移民潮，经济重心与文化精英的南移被称为"衣冠南渡"。而在南朝统治下，江南的经济与财税政策都为后来的唐宋打下了基础。

钱穆先生说："下经安史之乱，南部的重要性日益增高，自五代十国迄宋，南方的重要性竟已超过了北方。我们也可以说，唐代以前中国文化的主要代表在北方，唐代以后中国文化的主要代表则转移到南方了。"笔者想，钱穆先生的话正是指出了中国史的拐点——安史之乱。安史之乱使北方中原地区受到重创，大量汉人再次南迁。到了五代和北宋时期，江南已经十分繁盛，以至于在北宋末南宋初，便已经有"苏杭熟，天下足"之说。这一区域，不仅农业产量高，还有丝、麻、茶、竹等农产品，物产丰富的同时也带来了超高水平的手工艺。水路、沿江、沿海的运输便利则促进了贸易与城市的发展。

如果说唐代之后的五代与北宋依然是在政治上以中原为中心，仅有经济重心南移，那么靖康之变后的南宋就是政治、经济和文化中心彻底南移了。再后来，政治中心再度回到了北方，但经济与文化的中心却再未北归，而是一直留在了江南。

这就是为什么想要了解江南，就一定要了解南宋。南宋除了经济上的转移，第一次将政治中心转移至江南。而在我们这个国家，政治总是决定着一切。这次政治中心与经济文化中心在江南的重合，造就了南宋之后的整个中国。刘子健先生就曾有一个大胆的假说，他提出："中国近八百年来的文化，是以南宋为领导的模式，以江浙一带为中心。"按照此种假设来看，在西学东渐之前，我们的国家应该就延续着这南宋而来的传统文化，而且这种传统文化的核心区域，便是江南。

那么"南宋模式"的传统文化到底是怎样的呢？

从经济上说，江南是富足的，苏杭本就是天堂，其他城市也大有可观，是朝廷的经济命脉所在。此后，元、明、清三朝，江南地区经济发展始终居于全国领先地位，这一点文献中多有描绘，诸如："元都于燕，去江南极远，而百司庶府之繁，卫士编民之众，无不仰给于江南。"

从政治上说，南宋是政治生态恶化的时期，与北宋"天子与士大夫共治天下"的气象相去甚远，当然这个巨大的转折点便发生在建炎南渡的宋高宗身上。在应对女真人南进的特殊时期，他君权独断，任用权相，使君主专政或权相代理的模式延续了整个南宋时期并定型。但好在元、明、清时期的江南都与政治中心保持了较远的距离。

从文化上说，当时重文轻武，军人地位低，尚武精神逐渐缺失。此外，科举定型，大量士人扎根地方，自谋出路。思想上理学兴起。理学也称新儒学，是儒学的升级版，是用来应对中唐以来的社会新状况的。

从思想史来说，理学的理论很复杂，但此处我们不谈架空的理论，而只强调理学的延续下行与具体的乡村实践。通过一系列的家规、族谱、地方志及祠堂，把新儒家的教条与理念由士人下行逐渐渗透至最基层社会，可以说，南宋以来，一直到新文化运动之前，中国的社会秩序便是新儒家的理念塑造的。

南宋之后，惨烈的蒙元征服战争对北方造成了进一步破坏，而江南诸城的纷纷投降却保住了一世繁华。若从江南的发展来看，元代并不是一个黑暗的时代，相反，巨大的领土使江南丰富的物产以水、陆两种方式向更大的世界开放。可宋元时期江南的繁荣却在明初遭遇挫折，直到明中期，逐渐摆脱了洪武体制与远离了政治中心后，江南才得以繁荣再现。到了清代，即便后期经历了太平天国运动的洗劫，江南仍是全国首善之地。王瑞来先生就说过："近世乃至近代，最具中国元素之地，舍江南而无他。"

就在这最具中国元素之地，人杰也随之而来。通常来讲，经济越发达的地方，文化也就越发达。这样说来，地灵人杰也就自然而然了。但人不会天生成才，教育自是必不可少的。宋代大兴科举，可是员多阙少，到了南宋通过科举而获得官位的仕途已经拥挤不堪，这使不少士人，也就是传统时代的知识分子们不得不放弃仕途，转而回乡发展，扎根地方社会。说来也奇怪，元代这个科举开了跟没开一样的朝代，竟然为后世设立了科举考试的典范内容，那便是朱熹的《四书章句集注》。但不管怎样，元代汉族知识分子并没有出路，更是只能扎根乡土，经营家族，以求宗族式发展，而这些背景正好为明清强势乡绅社会的发展奠定了基础。

在明清江南传统而典型的乡绅社会中，浙江余姚的韩夏村就是其中之一，夏家便是那里的第一大户。余姚自南宋起便属绍兴府。绍兴本为越州，靖康之变后，宋高宗一路南逃，到越州才算勉强站稳脚跟，为了重振山河，在越州由"建炎"改元"绍兴"，寄托"绍祚中兴"之意，自此越州得名"绍兴"。宋、元、明、清及民国时期，绍兴府辖八县，余姚县（今浙江省余姚市）始终为其一，直到1949年宁波解放后才将余姚划归宁波市。虽然行政区划如此，但是在传统上、心理上，余姚都偏向绍兴，无论是其口音还是口味。从地图来看，余姚本就处在宁波与绍兴之间，也就是宁绍平原的中间位置，而韩夏村正与绍兴市上虞区接壤，因而口音更加繁杂。但无论哪朝哪代，行政区划如何，韩夏村始终农业经济特色明显，产业以水稻和棉花为主。

生活在这样的江南乡村，若没有坚船利炮和西学东渐，也许一切都风平浪静，夏家也许世世代代都波澜不惊、岁月静好。一个江南的传统乡绅家庭能跟器官移植这种现代医学有什么关系？如果有关系，那可能就是冥冥之中的命运了。

二　祖先：南渡之人

上虞《桂林夏氏宗谱》尊英国公夏荣为一世祖，这样算来，夏穗生是英国公第三十四世孙。夏穗生的曾祖父夏召棠即为最后一次修谱的主要主持人与赞助人。宗谱于光绪三十三年（1907年）修成，当时夏穗生的父亲夏福田年仅4岁，为宗谱所载最后一代，第三十三世。

宗谱开篇即说："观宗谱，孝悌之心可油然生。"笔者叛逆之心颇重，不以为然。毕竟，时代不同了，君君臣臣、父父子子或许有一定的道理，但已经不足以感动一个现代教育下成长之人。对祖先的崇敬，可以成为枷锁，让你事事畏缩不前，不敢偏离半步。但对祖先的崇敬，同样也可以转化成一种超越的动力。

上虞《桂林夏氏宗谱》

　　除了家乡外，国人的另一个执念便是祖先。这是农业文明的显著特点，如果家乡是土地的话，那么祖先则是教你如何在这片土地上耕作的人。笔者猜想这大概也是祖先崇拜思想难以动摇的源头。

　　夏氏历史源远流长，但追溯太多好像也没有什么用，因为太久的祖先跟后代好像也没有很大关系，但追溯一半好像又对祖先们不敬，所以两难之间，笔者索性简单追溯到源头，也好有个来龙去脉。鉴于时间久远，可信度无法绝对保证，笔者仅就能力所及，一探究竟。

　　浙江余姚韩夏村的夏氏跟许多中原古老姓氏一样，有着明显随时代迁徙的特点。按照上虞《桂林夏氏宗谱》的说法，夏氏是大禹之后。大禹因为治水有功，舜将首领的位置禅让给了他。大禹之后则上古禅让之风已尽，开始了父传子的家天下制，夏朝便始于此。

　　时光飞逝，一晃就到了周武王时期。武王克商之后，四处找寻夏禹的后裔，最后找到了东楼公，"姒"姓，将他分封在了杞国做诸侯王，让他延续杞国国祚，主管对前夏朝君主的祭祀。这个杞国就在今天的河南杞县。"姒"姓则是上古八大姓氏之一。后世的许多姓氏，当然也

上虞《桂林夏氏宗谱》所示上虞桂林夏氏为大禹苗裔

包括夏氏都是由"姒"姓分化而来。上古八大姓全部包含女字边，也是上古社会母系氏族的表现。再说回杞国，杞国国君的爵位，虽然《史记》记载杞国为公爵国，但实际上杞国的爵位是变化不定的。周武王初封"杞"，杞国地位极高，平王东迁之后，周王室衰落，杞国封号也逐渐遭贬，在《春秋》等史书中，杞国国君时而被称为"杞侯"，时而被称为"杞伯"，甚至被称为"杞子"。由此可见，乱世之中，杞国命运不济。

杞国其实并非始于东楼公，早在殷商时期，杞国便时封时绝。只是到了东楼公时，才有了确切的记录，而东楼公封于杞的记录来自《史记·卷三十六·陈杞世家第六》，这本书被众多专家认为是一本比较靠谱且时常被考古发现验证的史书，且信之。可以这样说，到了东楼公，整个夏氏的源头可信度增加了，神话传说的成分大大减少。因此，上虞《桂林夏氏宗谱》的源流图中，将西周时期的东楼公定位为一世祖。

东楼公之后，杞国传至第十六世简公时被楚惠王所灭。简公的弟弟佗则出奔鲁国。鲁悼公将夏禹后裔这一脉封为夏阳侯，由此得姓"夏侯氏"。佗之后，第二十九世夏侯初则由鲁地迁徙至沛（今江苏沛县）。夏侯初的孙子便是鼎鼎大名的夏侯婴，正是他祖父迁居沛县，才有了他追随汉高祖从沛县起义一事。事成后，夏侯婴便成了大汉的开国功臣，封汝阴文侯，三代后因罪除国，但"夏侯"这个姓氏一直传到了七十世。

事情在夏侯七十一世时发生了变化。到了七十一世，已经是唐朝了。当时的七十一世夏侯显在唐武宗会昌年间任掌书记一职，主要从事文秘工作。夏侯显为人十分耿直，因向皇帝李炎直谏忤逆，不得已"去侯称夏"隐居九江避祸。而这正是夏侯由复姓成为单姓的由来。夏侯显临终时对儿子夏相说了这么一段话："吾本夏侯是也，不得已更今姓，汝从吾姓，又不当忘源流之所自。"

这一幕颇为感人。至此，夏侯彻底变成了夏，这才有了夏氏。因此，在上虞《桂林夏氏宗谱》中，统宗图的一世祖便成了夏侯显（夏显）。夏侯显的孙子，宗谱记载名夏忠，他也没什么成就，但颇有风骨，祖父事大唐，而如今唐亡，他追随祖父遗志，隐居不出，拒不仕后梁。

又过了三代后，也就是第七世时，夏竦出生，宗谱记载他的父亲因抗契丹而死，因此他荫恩入仕。夏竦生活在北宋，政治与文学上颇有作为，在《宋史·卷二百八十三·列传第四十二·夏竦传》有传记可查，并且首获"英国公"封号。

到夏竦之孙夏伯孙之时，已经是北宋末年，夏伯孙携子孙护宋高宗御驾南迁，其实就是拖家带口跟着赵构一起往南逃，并最初落脚在绍兴山阴。自此，夏氏子孙在绍兴一带四散开来。宗谱载，有迁往会稽之东关者，有迁往嘉禾吴淞广信姚江者，而夏穗生所出的那一支系便迁往了上虞桂林。这就是为什么宗谱名为《桂林夏氏宗谱》。而这里的桂林并不是广西桂林，此桂林为今上虞蔡林，古称上虞桂林。

夏伯孙之重孙夏荣大有作为，南宋初年时屡立战功，因战功封两浙节度使，再封"英国公"，并赐第于上虞桂林。夏荣于绍兴十六年（1146年）十二月三日离世，谥忠定。但是读者们应该知道的是，南宋一朝，武将不受信任与重视，节度使衔在宋朝只是个虚衔而已。

英国公夏荣的事迹详载于《浙江通志》与《上虞县志》的"寓贤传"，上虞《桂林夏氏宗谱》作为宗谱当然亦是大写特写，不仅附有宋高宗谕祭文，还称英国公夏荣为始祖或始迁主，宗谱总世系则以英国公夏荣为一世主。后世子孙凡有修谱或作为者皆自称英国公后。当然后世子孙引以为傲并不是没有道理的。

按宗谱所述，英国公夏荣早年，在北宋之时追随张叔夜，参与平定宋江起义军之乱。靖康之变时，张叔夜守汴梁失利，英国公则出奔当时的"天下兵马大元帅"赵构，并被招至麾下与女真人战斗。建炎期间，又跟随张俊，参与了平定苗刘兵变，护驾明州（今浙江宁波）。据记载，他身中 50 多枪，因战功封两浙节度使，于绍兴五年（1135 年）辞老。

写到此处，颇为尴尬。南宋一朝，不同往昔，告老之时，竟是无乡可返了！故乡已经成了北朝蛮夷之地，还好英国公有御赐宅第于上虞桂林可以养老。

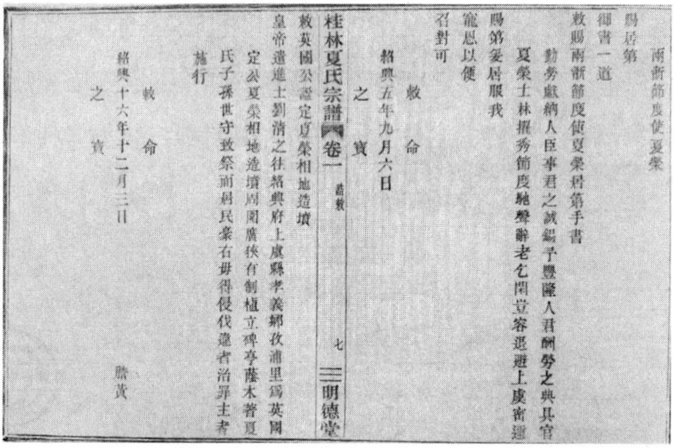
兩浙節度使夏榮
賜居第
御書一道
敕賜兩浙節度使夏榮居第手書
勤勞獻納人臣事君之誠錫予豐隆人君酬勞之典具官
夏榮士林擢秀節度馳聲辭老乞閒豈容退遯上虞甯遯
賜第妥居服我
寵恩以便
召對可
敕命
紹興五年九月六日
之寶
桂林夏氏宗譜 卷一 誥敕 七 明德堂
敕英國公謚定夏榮相地造墳
皇帝遣進士劉清之往紹興府上虞縣孝義鄉孜浦里爲英國
定公夏榮相地造墳周圍廣袤有制植立碑亭蔭木著夏
氏子孫世守致祭而居民樵石毋得侵伐違者治罪主者
施行
敕命
紹興十六年十二月三日
之寶
謄黃

上虞《桂林夏氏宗谱》所载宋高宗敕命赐第于上虞桂林（右部）

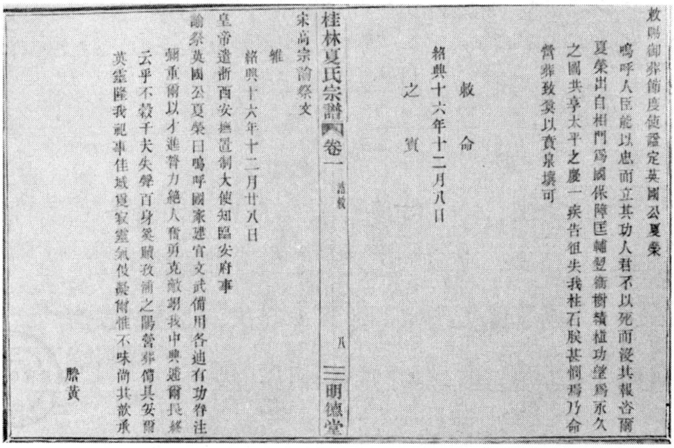
敕賜御葬節度使謚定英國公夏榮
嗚呼人臣能以忠而立其功人君不以死而設其報咨爾
夏榮出自相門爲國保障匡輔塑衛樹績植功望爲永久
之圖共享太平之慶一疾告徂失我柱石朕甚惻焉乃命
營葬致奠以賁泉壤可
敕命
紹興十六年十二月八日
之寶
桂林夏氏宗譜 卷一 誥敕 八 明德堂
宋高宗諭祭文
維
紹興十六年十二月廿八日
皇帝遣浙西安撫置制大使知臨安府事
諭祭英國公夏榮曰嗚呼國家建官文武備用各迪有功眷注
彌重爾以才進膂力絕人奮勇克敵翊我中興遞爾長終
云乎不穀千夫失聲百身奚贖孜浦之陽營葬備具妥爾
英靈陟我祀事佳城夏寂靈氣伋凝爾惟不昧尚其歆承
謄黃

上虞《桂林夏氏宗谱》所载宋高宗谕祭文（左部）

据宗谱载，英国公荣休后对他的儿子说，我们的祖先是大禹，在南巡的途中于会稽去世并葬于此，我们现在迁居至此，正是要继承大禹的明德。然后他又说，他在家乡见到的孝子大多是隐逸之士，既不出仕，也不从商，现在他老了，后辈以继统之孝来供养他，这不就是善吗？所以，以后应谢绝世故，怡然自得，以诗书忠孝训后。

笔者猜想这大概是上虞《桂林夏氏宗谱》中将堂号名曰"明德堂"的缘故。大禹的"明德"到底是什么？祖宗向来话语简练，从不明说，笔者根据南渡之时的境况推测，可能有两重意思：一是北返，恢复故土；二是若是回不去，便在大禹所葬之处扎根繁衍，以示不忘故土。其中，北返的意思并不明显，估计也不敢明显，极有可能是因为南宋最初在江南站稳脚跟后，以"和议"为国策，武将言兵乃朝廷之大忌，岳飞、韩世忠等人都是例子。将军只有退隐江湖，不问世事，耕读传家，可能才是保身保族之策。否则，一个中兴武将为何口不言恢复，而一心"谢绝世故，怡然自得"呢？

如是这般，后世冯友兰写道："南渡之人，未能有北返者。晋人南渡，其例一也；宋人南渡，其例二也；明人南渡，其例三也。风景不殊，晋人之深悲；还我河山，宋人之虚愿。"

夏家不过是这千万"南渡之人"之一。这个家族和这个国家一样，在江南扎下根来。

至此已经可以看出，"宋之南渡"是一次大型的人口迁徙，国之命运，即家族之命运。无论是"国家"还是"家国"都是将"国"与"家"捆绑在一起的。家族的命运随着国家的命运而起伏，夏家并没有什么特殊，没有什么巨大贡献，也未曾有过扭转命运时局的魄力，不过是浮沉其中，身不由己罢了。

三　祖先：江南绅商

当我们追溯祖先们的故事时，便会懂得，在我们这个国家，那些狭隘的地域观念或者地域歧视是极其幼稚与无知的，我们的祖先大多来自中原，随着时代而迁移，无论他们迁往何处，都是一部命运的史诗。

天边血迹斑斑，将军解甲归田。

英国公生于1073年，辞老之时年六十又二，正值绍兴五年（1135年）。而绍兴年间大名鼎鼎的和平条约"绍兴和议"签订于1141年，可见那时硝烟并未散去。但将军午事已高，即使空有一腔热血，也管不了硝烟弥漫了。

于是这般，一世主英国公夏荣就此闭门谢客，退隐江湖了。据宗谱载，英国公育有五子，分别是夏梗、夏吕、夏圭、夏玦、夏璧。他守越州（今浙江绍兴）时曾说过："会稽山水东南为最，吾当携家居之。"但后来

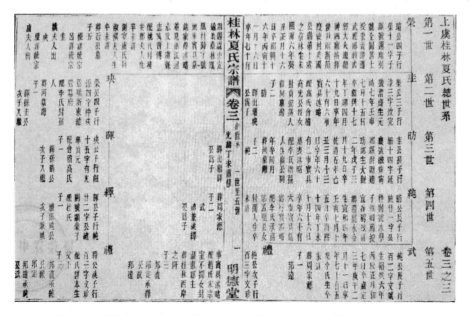

上虞《桂林夏氏宗谱》总世系图载有夏荣与留在上虞桂林的二子——夏圭与夏玦

又有风水之人说："会稽山水秀而不实，山水俱秀者首推姚虞。"于是英国公命诸子作室姚虞：夏梗与夏吕迁余姚凤亭，夏璧迁姚江，只有夏圭和夏玦与英国公夏荣一起仍然居住在上虞桂林。

自此之后，繁衍生息，云淡风轻。哪怕由宋入元时号称天下已亡，但对于江南一隅来说，影响不大，反而有欣欣向荣的趋势。由宋入元时，夏氏宗族开枝散叶，逐渐成了七个公支。传到英国公十二世时，万四公支的夏福二（又称夏祥）由上虞桂林赘入余姚兰风乡一都一里成家村。宗谱载，在十二世、十三世、十四世时由元入明，又在二十四世时由明入清，一切都波澜不惊，变化不大。

余姚韩夏的夏氏始于第十二世夏福二，因此宗谱称夏福二（1288—1369 年）为韩夏始祖。福二公活了 81 岁，他的妻子成氏，也跟他一样长寿活到了 80 岁，两个人都从元世祖一直活到了明太祖。这个岁数放在今天可能根本不算什么，但在医学十分欠发达之时，这个岁数是相当惊人的。夏福二赘入余姚兰风乡后，成氏凋零，而夏氏繁衍生息，后来"韩夏

今日宁波余姚韩夏村航拍图

村"也因此得名。

于是这般，时光流逝，到了明中叶，韩夏村的夏氏一族已经枝繁叶茂。颇值得一提的是宗谱中关于韩夏始祖福二的家传，家传写于清光绪三十一年（1905 年），其中在写到余姚兰风乡成氏变夏氏时，竟用到了"天择物竞"一词。"物竞天择，适者生存"源自严复在 1895 年时对《天演论》的翻译。在宗谱中出现此种词语更能想见那时西学影响之大，又或是亡国灭种危机之重。但无论是不是物竞天择的结果，夏福二这一支逐渐繁衍生息，夏穗生便出生于这一脉。

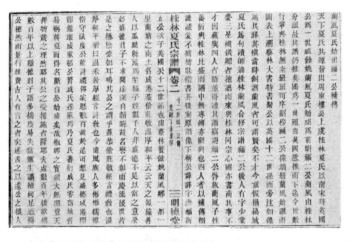

上虞《桂林夏氏宗谱》中韩夏始祖夏福二的家传

　　一个传统而典型的江南士绅家族，历宋元明清四代的风风雨雨而生生不息，想必多少有些窍门。笔者以为，随时代而变可能算是主要窍门之一。一世主英国公乃武将出身，其显赫的身份来自战功，而非科举。读者们需要知道的是，唐宋之后，科举制度逐渐定型，且被视为知识分子的主要出路，通过科举获取功名被视为成功通达的正路。

　　从某种意义上说，武将是为朝廷南迁抛头颅洒热血的人，可在宋朝偏偏不受待见。南渡后，英国公立刻退休转型，科第传家。说是宋代重文轻武也好，又或是上天有好生之德也好，毕竟，一将功成万骨枯，反正弃武从文之路便开始了。这次转型非常成功，后代们显然基因良好，并非只能武而不能文。从宗谱的职衔录中可以看出，仅南宋一朝，英国公一族便出了三位进士，并有上舍与贡元若干。

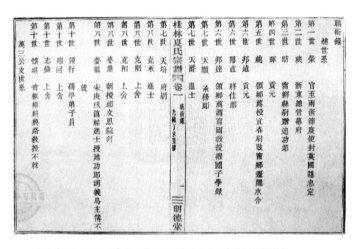

上虞《桂林夏氏宗谱》显示英国公后裔在南宋一朝出过三位进士

进士可以说是国之精英。传统社会重功名，而高官要职非进士出身不可。相信读者们一定读过《范进中举》这篇著名的批判科举制度的文章，范进一把年纪中了举人就跟疯了一样，可举人仅仅是进士的敲门砖而已。中了举人，只是有了去京城参加会试的资格而已，会试设有一定的通过比例，通过者才被称为进士。而进士又被封为若干等级，宋代为五级，明清则为三级。第一级被称为头三甲，即状元、榜眼、探花，第二级称为"进士出身"，第三级则为"同进士出身"。所谓"进士出身"跟"同进士出身"与今天的"211本科"和"普通本科"的区别差不多。所授官职与科举考试的成绩紧紧挂钩，所以任何一点细微的差别在当时知识分子眼里都极其重要。

　　入元后，人分四等：蒙古人、赤目人、北人、南人，原南宋统治区内之人为南人。实际上，蒙古人粗放的管理系统对江南基层社会结构的影响不大。入明后，科举逐渐恢复，但似乎夏氏一族在南宋考场上的生猛状态再也回不来了。明清两朝，按宗谱职衔录来看，族中仅有进士一人、举人一人。

　　但值得一提的是，宗谱职衔录中有大量族人获得了"邑庠生""国学生""贡生"这类头衔，这些人实为宗族里的后备军，虽然这类头衔只是科举入门，但在当时的社会来讲，已经算得上是下层士绅。他们学成返乡，进入最基层，有一定的学识与人脉，对维护宗族势力与地位起到了极大作用。这类人不少通过疏财的形式谋取了一些中低级官职，特别是在清政府中后期财政困难的情况下。

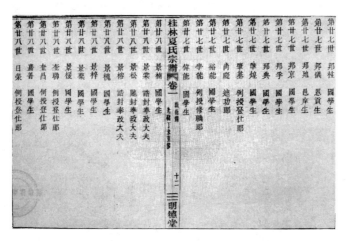

上虞《桂林夏氏宗谱》载有清朝中晚期族中子弟的职衔情况

　　至此，读者们已经可以看出，夏家是一个典型的江南士绅家庭，在传统的宗法社会中聚族而居，虽然谈不上科甲相连或科举传家，但也未脱离传统社会获取功名的科举体制。其实，了解绵延千年的科举制度是了解江南士绅阶层的关键，江南大族通过培养自己的族人高中科举来保持宗族地位，获得政治、经济、文化上的特权，可以说科举制度是江南宗族发迹与兴旺的必要条件。而科举考试的内容则是儒家经典"四书""五经"，明清后已经发展出僵化的八股文，这些维持朝廷统治的儒家意识形态也正是通过士绅下行到社会的最基层村落。由此可见，士绅阶层处在朝廷与民众之间，是一个精英阶层，与朝廷有着相互依存的关系。

到了明清时期，要更深入了解江南的士绅阶层，仅解读科举制度已经不够了。明清时期，浙江地区商业繁荣，所谓的"资本主义萌芽"已经出现，许多行业的手工作坊已经形成。受大环境的熏陶，江南士绅家庭普遍有大量经商者。古有四民"士农工商"，但明清时期的显著特点却是"四民不分"或是"四民相混"，更有言"商与士，异术而同心"。

特别是明清易代之后，清初的文字狱与科考名额限制使明代江南士绅家族受到了打压，再加上异族统治的剃发易服，也使得他们对反清复明之人心怀同情。内心无望的他们只得另觅出路，继而弃儒从商。余姚地区两大名人的生平都反映了当时士人的这一境况。一为朱舜水（1600—1682年），明末贡生，他见江山变色后，心灰意懒，辞别故土，东渡日本，后来创立了日本水户学，其思想一直影响到后来的明治维新。另一个是黄宗羲（1610—1695年），在清朝统治已成定局后，他退隐江湖著书立说，并提出了"工商皆本"这一超前观念，在时势的压迫下，为不愿仕清又需要生存的儒生开辟了另一方天地，那便是经商。

夏家子弟显然走的是黄宗羲指出的务实道路，但从商的原因往往多重而复杂，不能一概而论仕清或不仕清。夏家世代聚族而居，族内弟子随机应变，分工明确，科举与经商相结合，二者相互促进，从而形成了一种士商合体的二元价值观，也可以说一手从商一手科举入仕才是维持家族兴旺的窍门。

此处，读者们应该知道的是，中国传统农业社会的四民身份"士农工

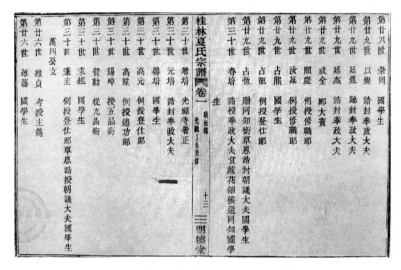

上虞《桂林夏氏宗谱》显示清朝中晚期族中子弟的职衔情况。多为纳捐的散阶闲职，其中朝议大夫官阶为从四品。这也反映出清朝中后期财政亏空与普遍的捐官现象

商"的排序很难彻底改变，在传统观念里，商人地位总是不高。许多为人熟知的诗句都能反映这样的价值观，"商人重利轻别离"，又或是"万般皆下品，唯有读书高"。书香门第自始至终对商业都持有一种回避与消极的态度，即便他们自身的地位与财富很大一部分来自商业，但他们总是在获得金钱之后将其转化为功名，接而大量投资宗族内子弟科考，得到功名后再把自己的宗族打扮成"诗书传家"的样子。

在这一点上，夏家毫不例外。按宗谱职衔录来看，夏家许多族人都拥有官衔而并无中第记录，这些官衔多出于纳捐，所以笔者以为，应该称夏家为绅商家庭更为妥当。总而言之，明清两代，由宗谱看来，夏家科举成绩不佳，但从商应该还是颇具天赋。以今日的观点来看，商业是一种精神，意味着契约、平等、个体、自由。这些精神可能在宗法社会或农业社会并不崇尚，但是在商人身上，往往却真真实实可以看到行动上的迁徙与观念上的开放。而行动上的迁徙与观念上的开放正是通往另一个时代的大

门。这个新的时代在晚清之时即将到来，它犹如一场暴风骤雨改变了千年来的一切，夏家将如何应对？

四　巨变之时

谁都以为那些涟漪的岁月与江南的美好无穷无尽，可人去楼空往往就在转眼之间。

清末的巨变与往日的改朝换代不同，以往的征服者骑着马从北方来，而这次，征服者们开着船，从海上来。往常的征服者，通常只是带着彪悍的武力来混入这个儒家文明的世界。可这次真的不同了，他们不仅带着彪悍的武力，还有武力背后的文明正在动摇着儒家世界千年的根基，让一切都不复当年模样。难怪李鸿章说这是三千年未有之变局。

在最大的变局来临之前，一切并非毫无征兆，相反一系列的征兆都已显示出了普天之外另一个天下的强大，这次以和平为基调的东西方交流被称为第一次西学东渐。早在明末清初之时，西欧一批传教士便已经到达中国，其中的先行者便是利玛窦（Matteo Ricci，1552—1610年），他所在的耶稣会（Society of Jesus）尤其热衷向东方传播福音。利玛窦作为一个专业传教士和非专业科学家，却有着极高的科学水平，他甚至能指出明代中国历法的不精确之处。中国也不是没有人看出了他的超前之处，最好的例子便是徐光启（1562—1633年）。徐光启进士出身，熟读"四书""五经"，奇怪的是他竟然在考中进士前一年接受了洗礼，皈依了天主教，教名叫Paul。他肯定是智力超群没错了，一手《圣经》一手"四书""五经"，还能念到进士水平。他一边学习《圣经》，一边还开始和利玛窦一起翻译《几何原本》。

按照今天的理解，现代西方文明是"两希文明"，一个源头为希腊文明，另一个源头为希伯来文明（基督教文明）。这两大文明的两大经典一个为《几何原本》，另一个为《圣经》。徐光启对《几何原本》的评价是"此书为益，能令学理者祛其浮气，练其精心；学事者资其定法，发其巧思，故举世无一人不当学"。由此可以看出，徐光启早在明朝时就已经对西方文明的核心有所领悟，而且完完全全抓住了精髓，比起后来"师夷长技以制夷"这种认识水平，他对西方科学技术背后的文明领悟要深得多。

《几何原本》是一本奇书，切切不要以为这是一本数学书，虽然几何成了今天学校里一门必修的数学课——《几何原本》在古希腊被认为是一种德育或是思维教育书。几何学的精神是一种纯粹推理的精神、证明的精神，没有几何学精神就不会有理性的精神，而这些精神恰恰是现代文明里最核心的东西。1607 年，徐光启把该书的前 6 卷平面几何部分译成了中文，并命名为《几何原本》。后来他因为父亲去世回家奔丧，等他再回来时，利玛窦也去世了。这一耽误就是 250 年，直到 1857 年，《几何原本》后 9 卷由清代数学家李善兰（1811—1882 年）翻译完成。

就在这 250 年里，西方的政治、经济、社会和科学取得了巨大的进步，第一次工业革命已经将东西方的差距彻底拉开。两个世界的人自此变成了两个时代的人。就是这 250 年，命运已经变得无法挽回。于是，清末的第二次西学东渐，显然就是以枪炮为基调的了。中英第一次鸦片战争（1840—1842 年）便是其开端。当英国远征军于 1840 年将炮口对准广州港时，中国这个偌大的帝国才如梦初醒。所谓英国远征军其实总共只有 16 艘军舰加 4000 名士兵这种规模，最后的进攻路线则是以香港为基地，北上占领厦门—定海（舟山群岛）—宁波—吴淞—上海—镇江，镇江是大运河上的漕运枢纽，粮食正是从这里运往华北。于是，朝廷认为确实不能再打了，再打就要在汉族人面前丢大脸了，于是丧权辱国的《南京条约》就近于英国战舰康华丽号（Cornwallis）上签订了。随着条约的签订，除了割让香港岛外，广州、厦门、福州、宁波、上海 5 个通商口岸正式开埠，时为 1842 年。

西学东渐的速度由此大开。读者们应该注意到，这通商五口中的宁波与上海，与余姚已经是近在咫尺了。宁波自不用说，今日余姚行政区划归属宁波，而上海开埠之时并没有多大的影响力，其真正成为整个江南的中心要待到另一场内部大变——太平天国起义之后了。

后来人往往有着后见之明，历史书上虽然将第一次鸦片战争定义为近现代史的开端，但当时之人并没有多大的触动。中国太大，这 5 个通商口岸与京城都相去千里，哪一个皇帝都没去过，直到 1895 年中日甲午战争之后，朝廷才真的感觉到痛彻心扉。

对于余姚县的夏家来说，1840 年的巨变对他们并没有明显的影响，该做生意做生意，该考科举考科举，绅商家庭之境况并没有变化。鸦片战争发生时，夏家正处在第三十世夏秉圭（1828—1880 年）这一代，他亦是个典型的绅商，有着国学生的名号。1842 年宁波、上海开埠时，他 14 岁，而他的父亲夏占熊（1796—1849 年）当时 46 岁。按照夏家经商的传统来看，夏家极有可能在夏占熊一代就已经有了前往上海从商的习惯。1853 年，太平天国攻入南京，江南危在旦夕，夏秉圭当时 25 岁，他在这场席卷江南、惨绝人寰的战争中得以保全其身，极有可能是逃往了上海租界。

如果说鸦片战争是来自帝国外部的巨变，那么太平天国（1851—1864年）则是来自帝国内部的巨变。1850 年发迹于两广的太平天国，在 1853年之时竟然攻入了南京城。"江雨霏霏江草齐，六朝如梦鸟空啼"，文章锦绣地、温柔富贵乡竟然成了洪秀全（1814—1864 年）的天京，江南顿时陷入一片恐慌。这场触目惊心的内战使天堂般的江南突然间成了风暴的中心，说到处都是血淋淋的尸体也毫不夸张。

夏秉圭刚好在他的成年期经历了太平天国运动全程。1851 年他 23 岁时，浙江省有人口约 3000 万，太平天国后的第 10 年也就是 1874 年，他

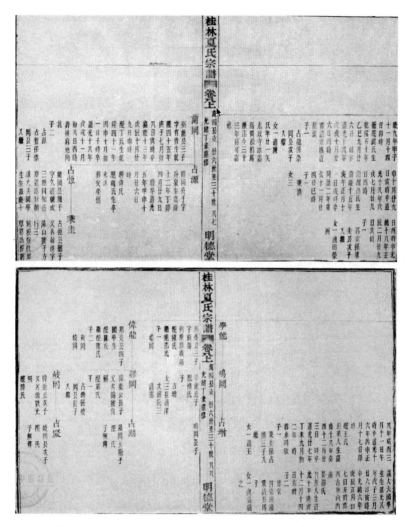

上虞《桂林夏氏宗谱》中关于第三十世夏秉圭的记录

46 岁时，浙江省人口已经不足 1100 万。按照何炳棣的《1368—1953 中国人口研究》的说法，在太平天国之祸中，100 个人中仅有 3 人幸存。总而言之，太平天国中到底死了多少人，已经成了一个谜，但大部分统计结果都显示全国死亡人数以亿计，大部分都在太平天国控制区，也就是江南。

也就是说，战后的江南已成为一片废墟。曾经地狭人稠的情况已经完全反转，到处都是无主的荒地。重建时期，优惠的招垦政策吸引了大量移民，而且荒田贱卖的现象十分突出。除了新移民外，那些曾经被战乱逼入通商口岸的江南官绅、地主和商人们在上海得到了发展后，又将赚到的钱大量投资购买已经变得十分便宜的乡村田产。这些人均受到了上海通商口岸市场经济的刺激，从而使他们更懂得利用自己手中的土地资源来迎合通商市场的需求，自此走上了由农产品贸易致富的道路，正是这些人成了太平天国后江南的新主人。

宗谱上并没有只言片语显示出夏秉圭一家是如何逃过这场灾难的，但不可否认的是夏秉圭确实算是个幸运儿，他毫发无伤，并育有两子，长子夏甘棠（1850—1896 年），次子夏召棠（1856—1905 年）。夏召棠正是夏穗生的曾祖父，是一位非常成功的商人。夏家一直传至新中国成立初期的祖宅与田产均出自曾祖父夏召棠一代。太平天国最终覆灭时，夏秉圭和夏召棠父子分别为 36 岁和 8 岁，由当时的形势推断，在战后重建的 10 年至 20 年内，父子极有可能通过在上海经商并在余姚县韩夏村中置地而累积了相当可观的财富。

虽然太平天国后江南得以重建，但已然回不到过去了。苏州是当时江苏省的省城，1860 年时成了太平天国苏福省的首府，此后一直是东南战场的指挥中心。李鸿章的淮军和太平军李秀成在苏福省发生了大规模搏杀，苏州城已经尽成废墟。当 1863 年底苏州城再次易手后，李鸿章又对太平军进行了大清洗，再次血染全城。天国一梦后，苏州所有的富庶与繁华便消失了。另一个与苏州命运相同的江南城市便是杭州。1853 年太平军占领江南后，便封锁了大运河，切断了这条南北大动脉。至此南北运输改经上海走海路，这造成了运河沿岸城市的衰落。杭州城则在十九世纪六十年代初被太平军摧毁。

命运无常，兴衰交替。

可以想见，太平天国摧毁了旧时江南，而又集江南之人力、物力与财力在租界的掩护下，造出了新时代江南的中心——上海。上海作为天国时江南唯一的安全区域，聚拢了大量财富。当租界成为上海的主体时，一个新时代诞生了，上海不再是那个鱼米之乡与江南的滨海小城，而是成为一个依托江南大后方的新型工商业中心。上海这座城市不靠皇帝，不靠官吏，而靠买卖发展起来，商业是它的灵魂，所以它跟中国传统城市类型完全不一样。商业中心之后随之而来的便是航运中心、外贸中心、金融中心以及西学传播中心。太平天国后，西方的新思想、新知识、新文化最早都是在上海登陆，并源源不断地输送到全国各地。在这个过程中，上海成为全国乃至整个东亚无可争辩的文化中心。

在上海之前，有全国一口通商的广州十三行，在上海之后，又有香港成为世界金融中心，但它们在全国的影响力远不及上海，因为上海就是中国现代化、城市化最早的产物，它是中国走进现代的领路者与见证者。

说到底，鸦片战争与太平天国这两大内外巨变彻底改变了江南的格局，江南的上海成了上海的江南。在这一过程中，夏家也许跟许多绅商一样，不过是加入其中以求自保罢了。也许就是在这个过程中，有人在上海见到了世界，那是一个与以往全然不同的世界，就算再闭上眼也无法忘却。

五　夏家最后的绅商：夏召棠

四季轮替，变量无穷。

太遥远的祖先跟后代也真是没多大关系。夏家真正让后代们直接受益的祖先是宗谱第三十一世祖夏召棠——一位极其成功的绅商。夏召棠是夏穗生的曾祖父，祖宅的建造者，夏穗生便出生在他修建的祖宅之中，所以

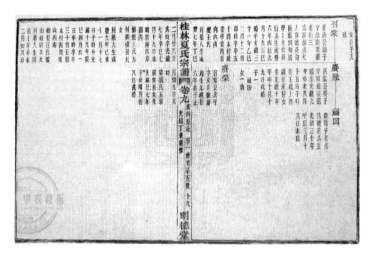

上虞《桂林夏氏宗谱》所载诰授朝议大夫夏召棠，即夏穗生之曾祖父

一切都得从他说起。

夏召棠，字荫南，号憩庵，诰授朝议大夫，赏戴花翎候选同知，他显然继承了夏家明清以来的从商传统，士商一体。传统观念对商人有偏见，但明清以降的事实却是官商之间的界限趋于模糊。人有言："良贾何负鸿儒！"这大概是想说修齐治平哪一条商人都不比鸿儒差。其实，许多商贾供奉关公为财神，这其中多多少少也能看出些忠义的色彩，正所谓"义中之利，利中之义"，便是商贾与鸿儒价值观的共通处。更何况捐官制度到清代极大扩展，而晚清尤盛，这使得商贾亦有官途，进一步使得官商相混。

而江南作为全国商业最发达之处，自然是绅商云集，也是"士农工商"四民观念最先动摇之地。余姚先贤王阳明（1472—1529 年）生活在明中期，早在那时，四民中的"士商"观念就已经开始松动，他本人就曾以托古的口吻表达着颠覆传统的思想："古者四民异业而同道，其尽心焉，一也。"这是在肯定"士农工商"四个行业在"道"面前的平等地位，亦体现出那时四民相混的社会发展趋势。而明清易代、异族统治的政权认同问题更是加速了弃儒从商的趋势。

余英时在他的著作《中国近世宗教伦理与商人精神》中就简单分析了士商相混以及明清社会价值体系变化的原因。原因主要有二：一为人口的增加，从明初至十九世纪中叶，中国人口增加了好几倍，而进士与举人的名额并未随之增加，可见入仕之途拥挤不堪，功名的概率大大减少，在严酷的现实面前，大部分人选择了从商；二是明清商人的成功与富足对士大夫亦是一种诱惑，而纳捐制度义为商人开启了仕途，让他们也能获得官位与功名，即成为地方上的绅商。

从宗谱上看，夏家从商的传统完全符合明清江南社会的发展趋势。但是，夏召棠之所以获得光宗耀祖、惠及子孙的巨大商业成功还得益于时机。夏召棠生于 1856 年，这正是太平天国在江南兴盛之时，他的父亲夏秉圭极有可能由于经商的关系，避难在上海租界。因此，夏召棠与其胞兄夏甘棠才得以毫发无伤。夏召棠的成年期则刚好是太平天国之后的重建期与上海大发展时期。从 1860 年到 1900 年，上海的进出口总值占到全国的一半以上。而战后江南的无主良田又大量贱卖，这其实是一个难得一遇的致富置产时机。夏穗生在一份自述材料中就提到，他的父亲曾告诉他，曾祖父夏召棠在家乡余姚和上虞买了很多田地，约有 1300 亩。

可惜的是，夏召棠到底从事何种生意，以及他的经商技巧宗谱一概没有记录，他在上海的钱庄生意是源自后人口述。由此可见，即使社会现实早已改变，但宗谱始终羞于言商与利。但可以确定的是，夏召棠很早便随父业"服贾沪滨"。

虽然对其经商细节与获利不发一词，但对他的人格品行与造福乡里的贡献，宗谱却有详载。上虞《桂林夏氏宗谱》载有夏召棠的行述，颇为详细，宗谱密密麻麻全是名字，但宗谱上拥有行述的人可谓寥寥无几，由此亦能看出召棠公的出类拔萃。据载，夏召棠与夏甘棠兄弟友爱，大有推让之风。召棠公看到自己的叔叔无后，转而请继入已去世的叔叔一脉，以慰泉下生平。父亲早逝后，他又服侍母亲至孝。在沪行商之时，他勇于行义，多次捐助修缮沪上绍兴帮的会馆永锡堂。"永锡"二字，出自《诗经》："孝子不匮，永锡尔类"，大意为上天会赐福给那些孝子贤孙。永锡堂为绍兴帮旅沪商人于乾隆初年创设，是上海最早的同乡会馆之一，位于今上海市黄浦区丽园路650号。绍兴帮主营绍酒、柴炭、钱庄、锡箔和染坊等，鸦片战争前已是上海最有实力的会馆之一。中国传统文化中有着强烈的血缘宗族和地域观念，这促使各类同乡组织不断壮大。会馆当时的主业是处理乡人的殡葬事务，后来又成为戏台与教育场所。

上虞《桂林夏氏宗谱》中诰授朝议大夫夏召棠行述

　　1899年前后，山东水灾，召棠公又奉母亲大人之命，捐助棉衣千套给灾民，价值一千两，此善举使夏老夫人得以在家乡建坊并获得御赐"乐善好施"牌匾。这些久远的好事，虽然没了实物痕迹，但好在有本宗谱可查。在探访乡民时，也曾有老人说起有大好事与匾额一事，只是年代久远，无人知晓细节。

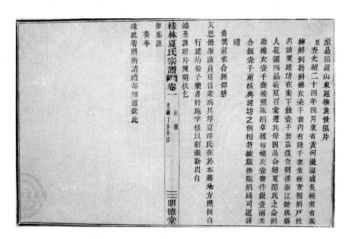

上虞《桂林夏氏宗谱》载有乐善好施牌匾一事

　　当然，除了给外地做好事外，召棠公也没忘了惠及乡里。据载，他按照常平仓的办法赈灾济贫。此外，作为当地绅商，他亦招募乡勇，创立永安会以卫桑梓、修庙建桥施药，当然还有修宗谱。他便是上虞《桂林夏氏宗谱》最后一次修订的主持人与赞助人。只是天不遂人愿，宗谱于光绪丁未年（1907 年）修成，召棠公此时已离世两年。多亏有了宗谱，今天才得以重温祖先的故事。

　　如宗谱开篇所言，观谱者，孝悌之心油然生。笔者只觉得，往事已无处可寻，一切悲欢离合都隐藏在宗谱上的行间字里。一切都没有明示，但总有种温情，把逝去的一幕幕再勾起。

　　如果说以上诸善举只是一个传统的绅商应该做的，那么召棠公所为的另一些事情便足以展现出他的超前与眼界了。他看到家乡没有消防设备，便特地从洋人那里购买了水龙。以前中国的消防设备就是大水缸，而引进的水龙是一个有管道的喷水设备，效率自然高多了。显然，召棠公常年在上海从商，已经开眼看了世界，有了跟洋人打交道的经历，至少是知道"师夷长技"了。

另一个值得一提的善举便是兴办学堂。古今中外，还有什么能比捐建学校更能体现出慈善家的慈善呢？召棠公亦不例外。他分别于1901年和1903年捐建了两所学堂。一所是三乡的诚意学堂，另一所是位于余姚韩夏村的启蒙学堂。按照建成的时间来看，这两所学堂极有可能是响应朝廷开办新学的政策而建的。

宗谱虽无只言片语讲述学堂所教授的内容，但值得注意的是，此两所学堂皆建于1895年与清末新政之后，那时虽清朝廷仍在，但学制已经发生了极大的变化。1901年，受到甲午战败的刺激，著名的清末新政施行，传统书院全部改为大、中、小学堂，人们已经意识到，经书也许有用，但此时国家危在旦夕，列强的瓜分狂潮就在眼前，绝不能让孩子们闭上眼睛只背经书了。由此形势判断，这两所学堂在创办之初与所有清末新政后的学堂一样，是新式教育与旧式教育的混合体，既有一部分经书教育，也加入了数学、自然科学等理科启蒙教育。其实，在启蒙学堂建成后的第二年，连科举制度都废除了，可见旧式读经教育的成分已经越来越少。当然，这些召棠公无缘得见，他在启蒙学堂建成两年后便与世长辞了。

这正是笔者称他为夏家最后的绅商的原因。所谓"绅商"便是他的诸多善举完全印证了"良贾何负鸿儒"一说，而所谓"最后"则是因为他所处的时代与他的办学之举将后代们送上了现代教育的启蒙之路，而他累积的财富又使得后代们得以在上海接受了当时最先进的现代教育，他的孙辈已经完全彻底成了近现代知识分子，一切得益于他，但孙辈好像又和他已经是两个不同世界的人了。对于夏家来说，这样的新旧转型非常快也非常顺利，但当时谁也不会想到，正是这些祖上的财富与田产，给孙辈埋下了悲剧的伏笔。

另有一事值得一说，那便是召棠公曾为乡里施种牛痘。千万不要小看牛痘，"西洋医术始传入中国，最早者为种痘法"。可以说，牛痘被视为现代西医开始传入中国的标志。牛痘亦是传教士医生最功德无量的成就。英国医生爱德华·詹纳（Edward Jenner，1749—1823 年）于 1796 年从牛身上发现了提取痘苗预防天花之法。不到 10 年，牛痘便传入我国。在此之前，我国一直使用"人痘"来预防天花，天花十死八九，万幸的不死者也终身带有麻疹疤痕，康熙皇帝便是最有名的一例。"人痘"虽有效果，但极不安全，死亡率依然极高，这使得天花在历史上常常引发恐慌与灾难。

"牛痘"引入与推广传播后，这一境况完全改变。当然，新事物尤其是"外夷"的新东西在中国推广难免遇到阻力，但由于天花的强传染性，牛痘在推广时都是免费甚至是倒贴钱接种的，因此最先尝试的也都是穷人家的孩子，好在人命关天，生死面前，还是谁有效就用谁。

显然，召棠公不是此类"爱国者"，笔者以为，他为乡里孤寡广施牛痘的做法，已经能看出其曾孙夏穗生济世救人的影子。仁心故而有之，与此同时，现代医学之光也已经到来，有的人的使命则是让它照亮这个古老的国度。

六 转型之路：从绅商到现代知识分子

在晚清，中西知识结构的转型也被称为"西学东渐"，西学东渐之后出生的人，可以说，已经是真正意义上的现代人了。

熊月之在《西学东渐与晚清社会》中就将西学东渐划成了四个阶段。按照他的说法，第一阶段便是 1811 年至 1842 年，这一时期伦敦会（London Missionary Society）的传教士马礼逊（Robert Morrison，1782—1834 年）开始在中国传教。晚清西学东渐自马礼逊始，大概是因为马礼逊为第一位基督新教传教士。他年轻时学医，而后志在传教，这一点跟我们国父孙中山的情况并无不同。他学得的医学知识正是其传教事业的敲门砖，基督教最初之所以能打开局面，很大程度上依靠的是西方医学与天文知识的支撑。医学能治病，天文能指导农业生产，说白了，都是依靠极其现实的用途来传教。这一时期，处于鸦片战争之前，没有条约的保护，所以规模与影响较小且仅限于华南地区。

真正开始对夏家有影响的是晚清西学东渐的第二阶段，1843年至1860年。这一时期，上海、宁波开埠，这两个城市地处富庶的浙江地区，很快便成为西学传播的中心。这一时期的租界成了西学传播的基地，数量可观的科学著作已经开始出版，中国的少数知识分子主动参与了翻译与传播，可见思想观念的转向。这一时期，夏秉圭正在上海经商，自然而然会受到这种风气的影响。

接下来的第三阶段便是1861年至1900年，这一时期更进一步，传播机构，如学校、医院、书局等已经各地开花，其影响已经深入基层社会，有教会开办的，有清政府开办的，也有民办的。西学东渐最初的关键在于西方书籍的翻译，而上海正是在这一时期，成为全国的译书中心，当时全国最重要的三个西方书籍出版机构：江南制造局翻译馆、广学会和益智书会全部设在上海。

这一时期，夏家的曾祖父夏召棠正在上海从事钱庄生意，从他在沪上与余姚韩夏村的所作所为来看，他的思想观念是相当开明的，仅从他筹资为乡里兴办新学这一点，就可以清楚地知道他会将自己的子孙送上新式教育之路。事实也确实如此，到他的子孙之时，正值晚清西学东渐的最后一波，1901年至1911年，在清代的最后10年里，革命风潮涌起，西学的输入已经从器物、技术层面深入思想精神层面。夏召棠自己成了夏家最后一代绅商，子孙则转型成为现代知识分子。

夏召棠婚配王氏（1857—1881年），继配王氏（1859—1893年），续娶任氏（1871—？），育有长子夏赓陛（1883—1917年，字顺铨，号选卿）

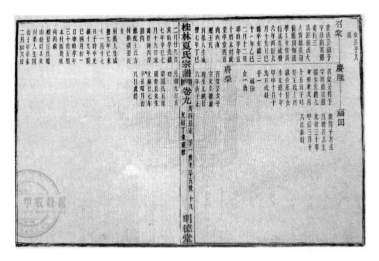

上虞《桂林夏氏宗谱》记载夏氏第三十一世至三十三世，即夏召棠、夏赓陛、夏福田祖孙三代

和次子夏赓荣（1900—?），另育有两女。长子为继配夫人王氏所生，次子为任氏夫人所生。

夏赓陛娶妻王氏（1884—1941?），这便是夏穗生的祖父母。夏赓陛育有三子，长子即夏福田（1904—1989年），又名克昌，号若农，一说为汝农，这便是夏穗生的父亲。另有两子名夏震寰（1913—2001年）与夏汝钧（1916—2007年），这便是夏穗生的两位叔叔。上虞《桂林夏氏宗谱》由夏召棠等人出资编撰，但他本人无缘看到宗谱编成。宗谱成于1907年，所以写到了长孙夏福田。宗谱成时，夏福田年仅3岁，为第三十三世宗谱所载最后一代，他的两个弟弟那时尚未出生。

对于夏家处于转型期的两代人夏赓陛和夏福田来说，他们所受到的学校教育便格外值得注意了。在科举时代，绅商家庭若要维持社会地位，家族必然需要有人参加科考，有人经商以维持生计。但在晚清这样一个科举将废的时代，一个绅商家庭要想延续他的生命，其子孙的读书生涯就不得不重新考量了。特别是科举在将废而未废时，在西方新式学堂与教授"四书""五经"的私塾并立的局面下，绅商家庭该如何选择？是让子孙进洋学堂还是私塾？

从浙江新式教育的发展情况来看，浙江新式教育最初还是模仿教会学校。道光二十四年（1844 年），英国的女宣教士阿德希（Mary Ann Aldersey，1797—1868 年）到宁波地区传教，首创女塾，这是浙江第一所洋学堂，亦是中国第一所女子学校。

自此之后，教会学校遍地开花，从宁波口岸向全省扩散。这些教会学校创办较早，没有科举导向，教授内容与今日小学中学差别不大，实际上成为中国人自办新式学堂的样板与示范。

浙江最早自办的新式学堂是温州瑞安孙诒让（1848—1908 年）在 1896 年创办的瑞安学计馆，在 1896 年就办新式学堂可以说是相当前卫了，此时离科举废除尚有 9 年。绍兴与宁波也是颇为开放，绍兴山阴县士绅许树兰在 1897 年就创办了绍兴中西学堂。夏召棠出资捐建的诚意学堂则是在 1901 年，此时虽然亦是在科举废除的 1905 年之前，但其实并不超前。因为光绪二十七年（1901 年）时，清政府已经在甲午战败与《辛丑条约》的刺激下，走上了新政的道路。正是在 1901 年，清政府通令全国，正式改书院为学堂，在省城设大学堂、在府设中学堂、在州县设小学堂。而后 1903 年颁布学堂章程，1905 年废除科举，教育的现代化浪潮一浪高过一浪。这些新式学堂多教授国文、算学、英文、物理、化学、历史、地理，中西兼有，以西学为主，但有清一代，读经并未废止。1912 年，时任教育总长蔡元培颁布了《普通教育暂行办法》，小学彻底废止读经。

以夏家的情况看，夏赓陛出生于 1883 年，到清末新政（1901—1911 年）实施时，他刚好满 18 岁。可以这样说，他的小学与中学还是旧式私塾式的，他的教育还是以科举为导向的。科举制度很成问题的地方是，它使中国家庭均以让孩子步入仕途为终极愿望，孩子完全不能发挥自己独有的天赋，浪费人智的同时，也使得经书之外的实用学科不受重视，完全得不到发展，反而被视为"奇技淫巧"。虽然在1895年中日甲午战争后，教育的导向有所变化，但可以说，夏赓陛这一代接触到新学要到青春期之后了，这是他跟他的下一代最大的不同。

以清末惯例来看，考秀才的年龄通常在15岁左右。夏赓陛15岁时，新政尚未实施，科举也还有时日。以此推测，夏赓陛所受之教育依然为旧式，也就是"四书""五经"。在绅商家庭，若能科举及第获得功名自是最好，若不行，依然可以继承家业从商。夏赓陛显然属后者，他并没有秀才的名号，但是在余姚韩夏村当地被称为"千店王"，想必也是当地著名的地主富二代。他的父亲夏召棠在余姚韩夏村有米行生意，名"三茂米行"。据后人回忆，夏召棠在沪上经营的两家钱庄并未传给夏赓陛，而是传给了学徒，其中的考量则是夏赓陛可能并不具备经营钱庄的能力。但不管怎么样，乡里有店有宅院和田产，他亦可以生活无忧。

夏福田出生的时候，情况已经完全改变了，从清末新政到辛亥革命，他们这一代人的童年着实是在惊涛骇浪中度过的。夏福田生于1904年，等到他上小学时，科举已经废除了，科举一旦废除，旧式私塾也就再没有存在的必要了。可想而知，在没了科举仕途通道后，夏福田这代人在小学启蒙教育时就已经跟"四书""五经"说再见了，在更开放的一些绅商家庭中，也许他们这一代根本就没念过经书。

在知识教育结构转型的过程中，城市较乡村来说，总是风气之先的地方。中高等学堂也是建在城市之中，因此乡村士绅家的孩子在念完童蒙小学之后，必然会前往城市升学就读，而他们在新式学堂中学到的知识也不可能使得他们在乡村中谋得职位，自然而然他们离乡村越来越远。江南一带的绅商家庭在这一过程中，由于常年在沪上经商，大大开阔了他们的眼界，而他们经商所累积的财富，也使得他们有能力将后代送往城市中的高等学堂，从而得以从传统绅商转变为现代知识分子，从乡村迁入城市。

在这一点上，夏家表现得尤为明显。夏召棠一代常年在上海经商，但还是不忘在韩夏村建祖宅，那么到了夏福田一代时，夏家就开始在上海生活，极少返乡了，夏福田的回乡居住完全是因为"文革"开始后的被迫遣返。而夏福田的儿子夏穗生，自从在家乡韩夏村读完小学后，便赴沪升学，等再回家乡已是他古稀之后的事情了。乡村士绅的转型之路与留居城市无疑带来了普遍的乡村文化沙漠化问题。

从夏家转型期的这两代人来看，夏赓陛一代也许还有一半的传统文化教育在，到夏福田这一代时，传统文化的比例在他所受的教育结构中已经极少了。得与失暂且不论，这便是中西知识结构的转型，到了夏福田这代人时，知识结构转型已经算是完成了。

从这种意义上讲，夏福田这代人已经是完完全全的现代人了，他们可以学他们想学的，追寻他们想追寻的真理。他们也许生逢乱世，却有种无形的无拘无束相伴。但孩子们通常不知道这些，能少背书就少背书对于他们来说才是最实在的幸福。

七　鸦片之殇与上海求学之路

红尘人间，谁不是肉体凡胎？既是肉体凡胎，就总会有些拒绝不了的诱惑，还真没见过谁不为一切所动的，特别是在浮华堕落的上海滩。夏家从传统绅商到现代知识分子的转型并非毫无曲折与坎坷，鸦片烟茶毒江南之时，夏家虽不至于因此而沉沦，但也绝非出淤泥而不染。

鸦片最初是一味止痛安神的药，早在鸦片战争之前中国本土就有种植。十八世纪之时，由于清政府只有广州一处与外国通商，且享有巨大的贸易顺差，大量白银流入。英国人为了扭转贸易逆差，开始向中国走私鸦片。鸦片的流入，使白银外流，双边贸易最终在 1820 年左右达到了平衡，之后贸易形势则开始了逆转，这一切无不显示出鸦片的强大。英国私家商号怡和洋行（Jardine Matheson and Company）是最主要的鸦片贸易商，亦是最早进入上海的英国商号。

由于鸦片贸易属非法贸易，所以只能暗中进行，且只能用现金交易。到鸦片战争前夕的 1838 年，广东和福建两地的鸦片馆像英格兰酒馆一样满地皆是。林则徐（1785—1850 年）在他那份开启近现代史的奏章中说："若鸦片不予禁绝，数十年后中国将无可以御敌之兵，且无可以充饷之银。"

鸦片荼毒中国，并不止在华南一地，江南与上海亦然，中国之内，不分南北与东西，一口既开，就再没有哪里可以独善其身了。"天下之有鸦片，皆自广东来。"之后，鸦片交易则逐步北上，通过福建到达浙江沿海地区。鸦片的极速输入与国内的巨大需求也是分不开的。最开始时的烟民主要是一些官僚、富商子弟，然而这种陋习逐渐蔓延至全民。由于对鸦片的危害性认知不够，晚清社会亦缺乏正常的娱乐途径，鸦片烟迅速成为富有阶层的一种消遣、享乐与应酬。这些富民阶层终日躺在榻上吸食鸦片，沉溺于虚无缥缈的快乐之中，在这样的风气下，鸦片烟竟然成了一种彰显社会地位的工具。

而社会下层沉迷于鸦片，一是因为上层社会的带头与示范，二是因为终日劳作，身体孱弱，鸦片烟的麻醉镇痛功能正好可以缓解一些常见的疾病，如咳嗽、腹泻及各种疼痛问题。在缺乏认识的情况下，本是为了消除疲劳的神药逐渐成了不能自拔的毒瘾。

除了鸦片的输入，浙江本地种植的土鸦片亦是一大问题。当时，浙江的鸦片主要产区在台州府、象山地区、余姚地区和温州。当时余姚地区大量种植鸦片，鸦片已成为当地的大宗农产品。清末之时，姚北的罂粟种植已达到 1.3 万余亩，产量达到 7.5 万余斤。当地的中产阶级之上的家庭，家家户户都备有吸食鸦片所用的烟灯、烟枪，以做招待客人之用。可以说，鸦片这股堕落的社会风气已经渗透到了家家户户，若从时间上来看，至 1913 年浙江省禁绝烟苗，鸦片荼毒之时长达近百年。

若按时间来看，1840 年前后鸦片开始猖獗。夏家曾祖父夏召棠是否有吸食鸦片已经无从考证，但据相关后人回忆，夏召棠长子夏赓陛确曾染指鸦片。作为一个富二代，在当时的社会风气之下，吸食鸦片极为平常。鸦片风靡姚西之时，许多殷实人家因后代吸食鸦片而败落的比比皆是。夏家虽然在夏赓陛一代有吸食鸦片的恶习，但家财未散。

笔者据可知的事实与后人之言分析，原因可能有二：一为早逝，夏赓陛去世时仅 34 岁。与他上一代和下一代相比，在这样的年龄去世很有可能是受到鸦片的影响。二为家有贤妻，由于早逝，夏赓陛之妻王氏极有可能是以一己之力培养出了 3 个孩子。夏赓陛去世时，夏福田 13 岁，夏福田的两个弟弟一个 4 岁，一个只有 1 岁。这 3 个孩子能全部学有所成，成为现代知识分子，可以想见其母亲之坚韧与伟大。

在教育问题上，夏赓陛与其妻王氏显然还是颇具眼光的。他们的 3 个儿子都没有上过私塾，而是在祖父夏召棠出资捐资修建的启蒙小学中接受了童蒙教育后，便前往上海读中学。作为大地主家的儿子，他们并没有被留在家里收租，而是全部前往上海念书。依照祖上从商的经历，父母已经清楚地知道，上海有通向世界与未来的道路。在当时拥有这样的眼界与转型思想并不容易，毕竟地主家的儿子常常会被留在家里收租，把儿子们全部送出去念新式学校还是相当开明的。

夏福田显然是这一开明思想的受益者。他到达上海后，进入了上海英华书馆（Anglo—Chinese School）念书。英华书馆绝非一所寻常学校，而是一所英文专修学校，有的是传奇与故事。从上海开埠到清朝灭亡，沪上共有英语专修学校 200 多所，而英华书馆则是其中的佼佼者。英华书馆于 1865 年由寓沪华侨和上海绅商共同发起创办，讽刺的是上文提到的怡和洋行，除了贩卖鸦片外，也是英华书馆的主要赞助商之一。由于英华书馆亦是一所英国圣公会主管的教会学校，在教习英语的同时传播福音。所以可以这样理解：怡和洋行一手走私鸦片进入中国，一手又拿走私鸦片赚到的钱在沪上兴办教育，传播福音。

西学东渐的传奇人物傅兰雅（John Fryer，1839—1928 年）则是上海英华书馆的首任校长，他是个英国传教士的儿子，从小痴迷中国文化，受英国圣公会的派遣于 1861 年到香港任职，他于 1863 年辞职赴北京担任京师同文馆任英文教习，两年之后的 1865 年离京赴沪，出任上海英华书馆校长。3 年期满后离职，进入江南制造局任翻译。

有了这样的校长，英华书馆在当时的上海就声名极大，与那些免费招收贫困子弟的教会学校不同，上海英华书馆的董事会为了保证超高的教学水平，在开馆之初便有明显的招生取向，那便是书馆的招生对象为中国商界子弟，收取可观的学费。可见，英华书馆的目的是为上海上层社会，尤其是银行家、商人、洋行经理、买办、海关人员等的子女提供接受英文教育的机会，旨在培养通晓英文的商贸人才，这一清晰的定位自然吸引了大量商人子弟前来就读。

按照当时的教科书来看，学校极有可能设置了英语精读、泛读、语法、翻译、写作、听说、算术等课程，已经是相当系统的英文专业教育了。至于当时学生的水平，傅兰雅曾经在一封信中写道，他认为书馆里的中国少年，经过一年到一年半的学习，已经能阅读和理解英文原版的《圣经》，只是偶尔需要参考汉语的意思，3 年以后，让他们理解英文原版的《圣经》里的基督教教义完全没有问题。

这种十分惊人的英文水平，在其中一位学生夏福田的身上也得到了印证。据余姚上塘村的村民与后辈回忆，夏福田在"文革"后期被监视居住在上塘村的亲戚家中，有人回忆他曾经订阅英文报纸和杂志，现在想想，这极有可能是他少年求学时就拥有的习惯。按年龄来看，夏福田进入英华书馆的时间是在1915年前后。这时虽然傅兰雅早已离职，但英华书馆依然是沪上有名的学校，直到1932年的"一·二八"事变后，英华书馆才停办。从1891年到1923年的这30多年间，包括夏福田在校时，一位叫慕悦理的英国人一直担任英华书馆的校长。根据学友回忆，慕悦理出身英国教会世家，擅长运动，交际极广，上海英侨无论公私，机关或企业都有他的朋友，所以当他们需要英文人才之时，慕悦理总能把自己学校出色的学生介绍出去，以至于后来，无论是在海关、邮局、铁路、洋行中都遍布他的学生。夏福田亦是其中一员，由于出色的英文水平，夏福田极有可能经慕悦理推荐进入了上海沪宁铁路管理局工作。沪宁铁路名义上由华人主持，但管理实权仍在英国人手中，直到1929年后才由国民政府铁道部逐步收回。

正是这份体面的工作再加上余姚韩夏村的田产店铺，使夏福田得以帮助母亲养育了两位小他10多岁的弟弟，使他们受到了当时最好的教育。夏福田的这一起点与眼界更使他的长子夏穗生走上了与他一样的求学之路，只是由于时代与时机的变化，这条上海求学之路将夏穗生送进了上海德国医学院，而后来他选择了外科学，并且站在了它的最前沿。对于夏福田来说，这样的工作与出身在民国时保障了全家人的生活与教育，只是后来英资撤走后，上海沪宁铁路收归国民党政府所有，再加上地主出身，导致了他在以后的特殊历史时期的悲惨遭遇，当然这些都是后话。

也许在夏福田的身上，我们还看不到夏家对学问追求的精神，但无论在哪个时代，学习技能以谋职业、生存与自立都是当务之急，这其中也许已经暗含了对学问本身的不懈追求。

求知可能是这个家族的信条。他们相信人于世间，当有一定的本领，身有长技方是安身立命之本，无论兵荒马乱又或是一世安然。

八　祖宅与命运

农耕文明的一大特点便是对乡土的眷恋，中国人对故乡似乎有着一种难以撼动与替代的执念，夏家作为地主家庭更不例外。虽祖上有着从商传统，但从商所获利依然被转化成了祖宅与田产。从夏福田的"福田"二字与夏穗生的"穗生"二字都能明显感受到最为朴实的乡土气息。

"江南好，风景旧曾谙。日出江花红胜火，春来江水绿如蓝。能不忆江南？"

小桥与流水，白墙与灰瓦，按此典型的江南风格来想象一下夏家祖宅，大致也差不了太多。位于宁波余姚韩夏村的夏家祖宅是夏家最后的堡垒，存世约一百年。祖宅建于曾祖父夏召棠之手，夏赓陛出生时祖宅是否建好已无从考证，但可以确定的是夏福田与夏穗生父子两代均出生于此，受其庇护，可惜的是，并没有什么岁月静好，夏穗生是夏家出生在祖宅的最后一代，他在祖宅生活了大约十二年，随后便赴上海接受当时最为发达的中学教育并长期生活，极少返乡。

"乡音无改鬓毛衰"大概说的就是他，这也是为什么他一辈子都讲着一种余姚口音颇重的上海话。"少小离家老大回"，大概也是说他，自从离开余姚韩夏村，大少爷再回祖宅都是古稀之后的事情了，第一次是在2004年，他80岁时；第二次是在2011年，他87岁时。

遗憾的是，2004年他第一次返乡时，亦未能有幸见到他儿时的家。夏家祖宅在1950年土地改革时被充公，1962年至1988年间，祖宅一直被用

今日宁波余姚韩夏村航拍图，图正中长方形厂房便是夏家祖宅的位置

夏家祖宅仅存的残墙

照片拍摄于夏穗生 2011 年最后一次返乡之时

87 岁的夏穗生在祖宅的残墙下向乡亲们询问情况

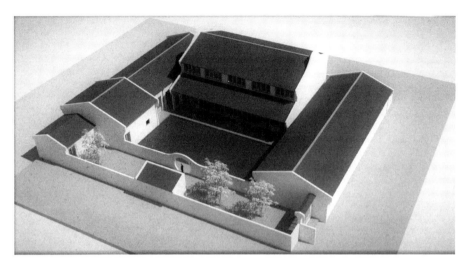

夏家祖宅 3D 复原图

作韩夏小学，据知情人回忆，学生最多时曾有 500 至 600 人，韩夏村的村民大多在此念过书。由于原始房屋结构不适合学校教室，最终于 1988 年拆除，仅剩残墙 10 余米，残墙内的原址上又建起了新的校舍，依然为韩夏小学，直至 2005 年学校停办，后用作厂房。

夏穗生第二次返乡时，由于年事已高，又或是他离家已太久，许多已经消失在尘埃中的细节再也无法被完整追忆。生命终将逝去，流金岁月终会人去楼空，笔者在此尽力重新描绘一下所了解到的祖宅的样子。

夏家祖宅大门朝东，西面傍河，有埠头，两进院落，四周都是高高的围墙，围墙高约 2.5 米，占地约 1440 平方米，东大门外另有占地约 700 平方米的晒谷场，韩夏村人称之为"三茂道地"，夏家所开米行亦因此称为"三茂米行"。祖宅内的主楼共有 5 间房，两层，中堂略大，门窗都雕了花。中堂是为正厅，后来曾被用作韩夏小学的礼堂。主楼全部使用红漆柱子，两三个小孩才能合抱，主楼前面则有宽阔的大天井，地上则为石板地面，韩夏小学曾使用天井作为操场。夏家祖宅的规模在当时的余姚一带也

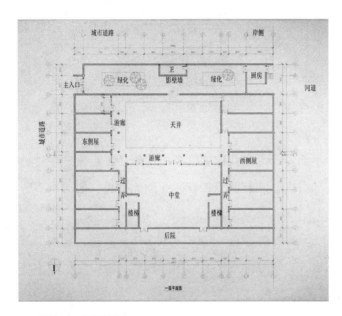

夏家祖宅一层平面图

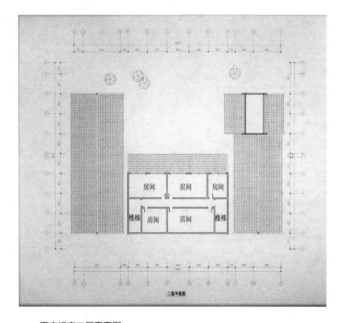

夏家祖宅二层平面图

算是数得上的大户人家。宅院的很多建材都是通过海上运过来的，用料十分考究。

夏穗生在后来的口述中也提到，他家的房子在当地十分气派，四周的人家在新建房屋的时候都会用竹竿来测量他家的楼高，以图超越，这令年少的他十分不满，但也无可奈何。

他的只言片语已经不能使今天的我们追溯那时的生活了，只是通过后人回忆，笔者得知祖宅围墙内曾栽有两棵桂花树，就此猜想，他的童年曾飘满桂花的香味。

夏福田于1921年17岁时与陈琳贞（1904—1967年）结婚，是典型的旧式包办婚姻。两人同岁，由于陈琳贞比夏福田大一些，所以夏福田称呼妻子陈琳贞为"贞姐"。幸运的是二人感情颇好，属于包办婚姻的成功案

一排中为夏福田（又名夏汝农）

例。包办婚姻讲究的是门当户对，两姓缔约，与今日所说的男女之爱还是相去甚远的。不过话说回来，传统中国从来都不强调男女之爱，都是将纯粹的男女之爱化解到家族亲情血缘中。

据后人回忆，陈琳贞亦是一位大户人家的小姐，但一点也不娇气，家里什么事都做。她的脚是缠过后又放了的，所以走路、爬山、踩泥塘都不成问题。婚后第三年，即1924年，两人的第一个儿子出生，这便是夏穗生。

夏穗生出生时，他的父亲夏福田极有可能已经从上海英华书馆毕业，进入沪宁铁路管理局工作了。可以说，以他的家庭条件来看，他从出生到他上中学之前，日子都是相当不错的。

夏穗生晚年谈到他的童年时光时，语气轻松，妙趣横生，完全没有提到任何艰难困苦，他的日常生活是完全被安排和照顾的，自己并不用干什么活。一同生活的还有两位大他不太多的叔叔夏震寰与夏汝钧，而他是家中的长子长孙。他的父亲则往返上海与余姚两地，一如往常。笔者想，这也许就是他一生中最好的时光了，一个人如果他的童年是幸福的，他成年后的乐观程度可能会更高一些。

从夏穗生晚年录音的口气之中依然可以听出，他十分自豪自己的地主出身，好像后来夏家因此而来的遭遇与迫害都不曾存在过一样。他提到，当时在乡间，家中雇有账房先生一人，管理记账与收租，长杂工一人，佣妈二人，到了收租的时候，往往会再雇一些短工。家庭收入主要靠地租，父亲在上海的收入则负责两个叔叔的学费与生活费，又或者购买一些日用品、衣物寄回乡间。按照旧时的礼教，他记得当时称呼佣妈为太婆，称呼账房先生为公公，农民来了则叫爸爸，家里的教导则是对人都应该客气。在家中，曾祖母、祖母都是信佛的，所以他记得家里是相当慈善的，会借钱给穷人。在佛教的影响下，他自认为自己是一个宿命论者，对一些"好人好报""因果报应"等理念是相信的。当地人则称呼他为"小店王"，就

韩夏老街

是小老板的意思。

他带着年少如初的口音大致描绘了一遍他出生时的祖宅,大门向东,后门向西。他平时进出都走后门。后门外则是至今仍在的小河与小桥。小桥往北走不远,就是他的学堂,名"启蒙学堂"。启蒙学堂就是夏穗生的曾祖父为村里创办的,1903年建成。启蒙学堂是简易的初等小学,只设有四个年级。小桥往东则是"韩夏老街",这条老街其实很短,不超过400米,在夏穗生小时候这里就是买东西的地方,而小学五、六年级的校舍也设在老街旁,被称作"启粹小学"。夏穗生就是在启粹小学毕业后,离开故乡,前往上海的。

在谈到自己的小学经历时,夏穗生只是说自己的成绩并不出色,属一般水平。但由于他的祖上是当地童蒙学校的创办人,教书先生和同学对他都是另眼相看。年幼时在这样的环境中成长,他也总是自视颇高,总有种生来的个人英雄主义情结,总在看小说时把自己幻想成一个英雄或主角。

按他自己后来的说法，若拿《三国演义》来说，他便自比赵子龙。

　　按照年龄计算，夏穗生念小学的时间大约在 1930 年至 1935 年间。1927 年，国民政府上台，其教育政策中的小学应读科目为：三民主义、公民、国语、算术、历史、地理、卫生、自然、音乐、体育、党童子军、图画、手工。这些科目已经跟今天相差无几了。到了 1929 年，国民政府教育部又修订了一次《中小学课程暂行标准》，通行全国的小学科目为：公民训练、卫生、体育、国语、社会、自然、算术、劳动、美术、音乐。而为了普及教育，简易的四年级初等小学一般教授的科目为：国语、算术、常识、体育。其中一个显著特点是民国时期的小学教育既没有英语科目，也不再有国学科目，总体看来，科目是相当全面与宽松的。

　　在夏穗生的口述中，最具体与清晰的还是上海求学之路。当时，就他

2011 年夏穗生最后一次返乡时与乡亲们叙旧，年长者中依然有人称呼他为大少爷

所知，从余姚去往上海有三条路，一条是陆路，从余姚经上虞、绍兴、萧山、杭州、嘉兴到达上海。另两条都是水路，一条是经宁波乘船到达上海。还有一条，是经杭州湾的钱塘江口，乘船到嘉兴再到上海。水路在当时耗时大约两天。年少的他想必多次往返其间。他到上海时，他的父亲夏福田正在上海工作，他的两个叔叔也都常住上海，这是夏家几代人的出路，夏穗生也是这么走的。

总之，夏穗生的生活就是在他赴上海后发生了彻底的变化。不久之后，全面抗日战争爆发，抗战胜利后不久，解放战争开始。虽然外界环境极不稳定，在最艰苦的时候，可能连正常的生活都不能保证，但就是在这样的上海，他走上了外科医学之路。

至此，他算是正式告别了家乡，开始了他济世救人的一生。

第二章

从医之路

一　沪江大学附属中学

夏穗生初入中学是在 1935 年的上海，大学毕业是在 1949 年的上海，可以说他是一个典型的二十年代出生的知识分子，他的身上有着那个年代特有的气质与风度，令人着迷，无论后来世道如何变迁，这种气质伴他始终。

作为一个江南乡间走出来的地主家少爷，夏穗生第一次到达上海时的兴奋与惊叹是难以形容的。他曾经跟他的妻子石秀湄描述过那种类似"刘姥姥进大观园"的感觉，他说他走了两天的水路从余姚到达上海，街道上十字路口的红绿灯与往来的人群让他目瞪口呆、不知所措，但他很高兴能加入其中。毫不夸张，当时的上海是远东第一大都市，在亚洲有着无与伦比的地位。说这里是花花世界也好，是自由天地也好，谁会不爱这醉人、繁华的不夜城呢？

作为中国风气之先的租界，上海的现代中学教育也是出类拔萃的。1842 年《南京条约》签订之后，上海设立了租界，因此成了中国现代西式教育的发源地之一。无论是近代教会学校还是国人自办的现代西式学堂，在数量与质量上都是领先全国的。1935 年，夏穗生被他的父亲夏福田安排进入沪江大学附属中学念书，在进入沪江大学附属中学之前，他曾考入私立上海中学。沪江大学附属中学是沪上有名的教会学校，至于夏福田选择沪江大学附中，可能有两方面考虑：一方面，夏福田自己是英文专业出身，在当时的上海滩，沪江大学附中的英语水平极高，掌握英语对于求职来说是极其实用的；另一方面，沪江大学附中实为沪江大学的预科班，如果附中成绩优良，就可顺利进入沪江大学就读，而沪江大学又以商科最为出名，其实父亲为夏穗生安排的还是一条从商的老路。

沪江大学英文名 University of Shanghai，是一所创立于 1906 年的教会学校，初创者是美国浸礼会的宣教士。浸礼会属清教徒中的一个基督教宗派，以全身浸入洗礼与民主自由教会为主要特点。当时，美国浸礼会在上海杨树浦军工路（今军工路 165 号）购置了一块约 165 亩的土地，用于兴建学校和校舍，定名为上海浸会大学，并在 1915 年更名为沪江大学。沪江大学在创立之初便办有附中，实为大学的预科班，而附中没有独立的校园，与沪江大学浑然一体。

在北洋政府时期，西方教会有较大的空间可以在中国自办教育，教会学校之所以为教会学校，主要还是因为其宣教目的。沪江大学的董事会成员、校长全是美国浸礼会成员，从管理到教学也全是教会学校运作模式。沪江大学的首要目标是提供广泛的自由教育，让学生对中国语言文学、数学、现代科学以及基督教真理有良好的理解。教会学校的宗教色彩一直就是争议较大的问题，此处不议。沪江大学及其附中超高的教育水平，在当时吸引了大量的优秀青年，而且附中从 1921 年就开始招收女生，是中国

沪江大学附中礼堂（保存完好，位于今上海理工大学校内）

第一所实行男女同校的中学，可谓绝对的反封建、反传统的先锋。

夏穗生虽然就读于沪江大学附中，但从他后来的作为来看，他并没有受到多少基督教会的影响。在他成年后的一份材料中，他就曾提到，沪江大学附中是教会学校，可他不信基督。学校的传教活动他是不去的。相较于基督教，他的内心更偏向于佛教，虽然他也并非一个佛教徒。而他偏向佛教的原因，则是他的母亲、祖母以及曾祖母，也就是抚养他长大的乡间女性都信仰佛教，他还曾提到他的祖母在乡间拥有一间自己的佛室。在这样的环境下长大，他多多少少受到了影响。

教会学校对他影响有限的外部原因也与他进入沪江大学附中的时间较晚有关。1927年，国民政府颁布了一系列教育法令，限制外国人在华开办学校，并开始收回一切外国人在华所办学校的教育权。当时有明文规定教会学校必须向中国政府立案，由中国人出任校长。由此，1928年，第一位中国校长刘湛恩开始执掌沪江大学直至他1938年去世。沪江大学附中由于其预科班性质，无论是在校舍方面还是教学资源上，实际都与沪江大学共享，刘湛恩也兼任附中校长达10年之久。

刘湛恩接手后的沪江大学虽然开始力避教会对学术与研究的干预，把宗教课程的地位降低，但实际上还是应该注意到的是，刘湛恩本人从小便是一个虔诚的基督教徒，他自始至终都没有放弃信仰，他上任后的口号还是"让沪江大学更中国化，更基督化"。可见，他成为校长，既可以满足国民政府"大学中国化"的要求，也可以满足外国教会"大学基督化"的要求，实际上是一种当时时局妥协的产物。夏穗生便是在刘湛恩执掌沪江大学时期进入沪江大学附中学习的。他于1935年入学，1942年毕业。

1936年，国民政府颁布了新的中学课程标准。从中，我们大概可以窥见夏穗生所受之中学教育。初中的课程大致为：公民、体育及童子军、国文、英语、算学、生理卫生、植物、动物、化学、物理、历史、地理、劳作、图画、音乐，很明显，那时的课程安排已经相当完备。

1937 年全面抗日战争爆发时，夏穗生正处于初中阶段，不受影响是不可能的。尽管国民政府倡导一种"战时须作平时看"的教育政策，但相对于和平年代，高中教育还是有一些变化。1938 年，国民政府颁布了《战时各级教育实施方案纲要》，其中就包括了战时教育的九大方针，其完全反映出战时的应急与参战需要。例如，战时教育强调文武合一；农业需要与工业需要合一；教育目的与政治目的合一；以科学的方法整理国故，建立民族自信；加强自然科学，以应国防生产之急需。

从这些教育政策中，可以明显看出三个方面：文科在于树立民族精神，鼓舞保家卫国的决心；理科在于军事与生产应急；体育在于培养全民皆兵。在这样的精神指导下，1940 年时的高中课程设置了公民、体育、军事训练及军事看护、国文、英语、数学、生物、矿物、化学、物理、历史、地理、劳作、图画及音乐。

1935 年夏穗生赴沪时，他的父母及叔嫂均在上海，父亲夏福田正在沪宁铁路管理局工作，与他们一同在上海居住的还有他的弟弟夏健生，以当时的家庭状况来说，虽然不算非常富裕，但他们的生活应该还算可以，父亲的工作与乡间田产的收入完全可以养活 3 个孩子。但抗战全面爆发后，他们家的生活还是遇到了极大的困难。

若以 1955 年夏穗生离沪赴汉来算，他整整在上海生活了 20 年，而这 20 年正是人格形成的决定时期。正是这 20 年，他从一个 11 岁的孩子成长为一名能够独当一面的外科医生。

据后人回忆，在沪江大学附中念书期间，夏穗生一家住在黄浦区牯岭路一带，而学校位于杨浦区军工路，两地相距大约 11 公里，年轻的夏穗生每天步行上学放学，最少每天行走 22 公里，如果需要回家吃午饭，行走距离更是惊人，而这段经历无疑锻炼了他的身体。后来他成为外科医生后，在手术台上一站几个小时根本不成问题，很大程度上得益于他这段年少时的求学之路。

在家中，夏穗生与他的弟弟夏健生同住，夏健生把他们兄弟俩居住的阁楼称作"万卷楼"，意思是要"读万卷书，行万里路"，而夏穗生则执意将阁楼命名为"春蚕室"，意思是要"春蚕到死丝方尽，蜡炬成灰泪始干"，这样看来，漫漫求学路开启了他对人生的思索，即便是在如此年轻之时，夏穗生已经有了要为某种事业或使命奉献一生的精神了。

二 孤岛

生活在和平年代的人们总是想用一朵善意的玫瑰去抹平历史的伤疤，但历史显然没有任何天真的成分。谁都知道，伤疤可能不再疼痛，但伤疤也不会消失。夏穗生等一众二十世纪二十年代出生、在少年时亲历抗日战争全程的知识分子们，他们的抗日民族情绪是我们这些和平时代的人难以体会的。

中国在近代饱受屈辱，而真正让中国创巨痛深的非日本莫属。十九世纪六十至九十年代，日本完成明治维新之后便开始对华侵略，1895年的中日甲午战争中，北洋水师全军覆没，签订了赔偿白银两亿两的《马关条约》，而发生在旅顺的大屠杀更是与40多年后的南京大屠杀如出一辙。甲午战争更是使台湾成为日本的殖民地，一直到1945年抗战胜利才又短暂统一。

1900年庚子事变，日本作为八国联军的主力之一，占领北京。但这仅仅是个开始。1905年，日俄战争在中国境内打响，旨在争夺中国东北地区。1910年，日本吞并朝鲜，此时已经很明显了，东北就是下一个朝鲜。日本人在1912年、1916年、1928年3次策划了"满蒙自治运动"，以控制东北地区。1931 年 9 月 18 日"九一八"事变爆发，很快东北三省沦陷。

1932 年 3 月 9 日，伪满洲国成立，给人一种感觉——日本人的侵略似乎是只限于东北地区。但事实绝非如此。同年的 1 月 28 日，日军转而进攻上海，这便是"一·二八"事变，经国联调停后日军才撤出上海。那时候夏穗生还小，尚在老家余姚生活，对当时的形势并没有什么概念。

如果说上述都只是些序曲，真正的噩梦在 1937 年 7 月 7 日降临在夏穗生身边，那时他十三四岁。令人难过的是，此时年少的夏穗生才到上海两年多而已，而全面抗战历时 8 年，他的整个中学生涯，一个少年最应该无忧无虑的日子竟都是在心惊胆战中度过的。

很快，北方最重要的城市北京于 1937 年 7 月 28 日沦陷。接着，日军来到了第二站——上海。日军攻击上海，显然是为了迅速毁灭中国进行抗战的经济能力，他们计划在 3 个月内完成征服中国的战争。但江南是国民党的大本营，蒋介石在此投入了国民党军最精良的部队进行了顽强抵抗，这便是淞沪会战。

淞沪会战从 1937 年 8 月 13 日一直持续到 11 月 13 日，历时整整 3 个月，是整个中日战争中规模最大、最惨烈的一场战役。

淞沪会战之前，夏穗生正在余姚乡间度暑假，而上海陷入战争，他自然也无法返回上海继续就读，因而转到浙江春晖中学借读。[①] 但他在春晖

---

① 2001 年，在浙江春晖中学 80 周年校庆时，夏穗生曾为母校赋诗一首，笔者摘录在此，供读者们欣赏：

怀念春晖校庆八十周年

硝烟难及碧波情，白马湖畔绿叶云。曹娥江流汇学子，仰山堂上谒师尊。
赢来年少获明示，有幸古稀谢师情。桃李芬芳天下满，春晖万世留英明！

在夏穗生的口述中，他也提到了上虞春晖中学这一段，春晖中学的著名校友鲁迅是一位他十分欣赏与崇拜的人。其他生来傲然，一辈子独孤求败的气质，很难说会去崇拜谁，但据他的夫人回忆，他一辈子喜欢鲁迅的书，就在他的书柜塞满各种外科医学著作的时候，鲁迅的全集也从来没有缺席过。他甚至拿鲁迅的名句"横眉冷对千夫指，俯首甘为孺子牛"来当家里的春联。

上海租界里的和平女神雕像，1924年落成，1943年间拆除

中学的学习并没有持续多长时间，因为上海陷落后，日军很快侵入浙江省，他在家乡即将沦陷、日军到达前，再次逃回了位于上海公共租界内的父亲夏福田的住处，重新进入沪江大学附中就读。当时夏穗生的家在位于上海公共租界内的牯岭路附近，是兵火未及之地，他在余姚老家的亲人在此时也全部逃往上海租界避难。

夏穗生全家与他后来的妻子石秀湄都是在公共租界里熬过了上海抗战最艰难的时期，当然他们当时还并不相识。夏穗生的学校沪江大学附属中学由于位于杨树浦因而沦为战场，由此可见，租界也并不一定完全安全，公共租界本来是包括杨树浦和虹口两地的，但此两地亦被日军所占。当时的沪江大学与附中只能被迫撤到孤岛里其他地点办"没有校园的学校"。

沪江大学与附中的全体师生在开战后全部搬入公共租界外滩圆明园路209号真光大楼的沪江大学商学院继续坚持办学。由于大学、中学、商学院全部挤在一起，条件可想而知，当时不得不采用三班轮流的办法上课，上午是中学，下午是大学，晚上是商学院。后来由于学生增多，又增加了圆明园路上的广学会大楼与亚洲文会大楼办学。

少年夏穗生就是在这样的状况下继续着学业。他的学校离他家只有两公里了，他再也不用步行 11 公里去杨树浦那边上学了。他虽然年少，但想必也明白，昔日的学校已经成了日占区，而他们这些学生只不过是些在租界这个孤岛里苟活的中国人，若没有强大的精神支撑，又该怎么活呢？

淞沪会战以日本人胜利告终，国民党军则撤出了上海，在全部撤离时，苏州河北岸的四行仓库画上了淞沪会战壮烈的句点。国民党军的留守军队八十八师的一个营，全营 400 多人号称"八百壮士"，撤退到四行仓库升起国旗据守上海，誓与上海共存亡。四行仓库与苏州河南岸的公共租界仅一河之隔，上海市民与国际社会在苏州河南岸的孤岛里一起近距离亲眼看见了侵略者枪炮下中国军人有死无降的一幕，无不动容。当时他们便已经明白：侵略者不可能赢。一寸山河一寸血，日本军国主义者只能在血战后踏过中国人的尸体才能前进，而中国人是杀不完的，侵略者的失败从一开始就是必然的。

这种一边是天堂一边是地狱的场景就发生在少年夏穗生的身边，他是否看到当时的场景今天的人无从知道，但可以知道的是，他和他的学校一起，三班倒地挤在孤岛的某座大楼里，艰难地坚持着学业……这些学生不也和那些军人一样吗？他们不就是民族的希望吗？

笔者猜想，这就是年少的夏穗生心中民族主义的萌发阶段，在敌人的枪炮下，他直截了当地接受了爱国主义的洗礼。这种真正的、赤诚的、强烈的爱国主义是经历过抗日战争的人所特有的，是深刻的、原发的，而不是煽动的，更不是教育习得的。

1937 年 11 月 13 日，淞沪会战结束，国民政府发表告全体上海同胞书声明："各地战士，闻义赴难，朝命夕至，其在前线以血肉之躯，筑成壕堑，有死无退，阵地化为灰烬，军心仍坚如铁石，陷阵之勇，死事之烈，实足以昭示民族独立之精神，奠定中华复兴之基础。"

上海沦陷后，国民政府立即宣布将首都和所有政府机构迁往陪都重庆。夏穗生的父亲夏福田正是在此时跟随国民政府开始了内迁四川之路。虽然夏家全在孤岛里面，兵火未及，但作为一家之主，他临走时并不放心，特意交代了挚友在需要时帮助一家老小渡过难关。不知道父亲内迁后夏穗生是否害怕过，他作为家里年龄最大的孩子，想必母亲也会教导他一定要拿出坚强的样子。

很快，1937年12月，南京沦陷，南京大屠杀是如此的臭名昭著，以至于日军都知道要向其国内的日本民众隐瞒真相。1938年10月21日，广州失守，10月25日，武汉失守，但武汉会战的惨烈把日军彻底拖入了战略相持阶段。武汉失守后，国民政府表示，"一时之进退变化，绝不能动摇我国抗战之决心""任何城市之得失，绝不能影响于抗战之全域"，表示将"更哀戚、更坚忍、更踏实、更刻苦、更猛勇奋进"，勠力于全面、持久的抗战。

至此，除了西部外，中国的核心地区，华北、华南、华东、华中已经全部沦陷，这是中国近现代史上最接近于亡国灭种的黑暗时刻，只有经历过这段历史的人，特别是那些在这种境况下长大的少年，才真正明白什么叫作"中华民族到了最危险的时候"。

三　沪江精神

孤岛是暂时安全的，也是繁荣的，灯红酒绿，影院舞榭还是一如往常。但这表面的繁荣终究盖不住人心惶惶。英国和法国在欧洲战场自顾不暇，美国始终中立。租界到底安不安全？万一日本人进来，怎么办？

国民党军节节败退，上海周边的城市纷纷沦陷，大量的中学在此时涌入租界寻求庇护，到 1939 年底时，面积不到 30 平方公里的孤岛里，光是教会中学就有 32 所。随着公共租界人口的暴增，拥挤的状况可想而知。更糟糕的是，米、煤、生活日用品价格疯涨，使许多家庭陷入了困境，对学校来说，所收的学费也只能艰难维持运营，由于缺乏校舍与必要的条件，教学的质量与时长也很难保证，但无论如何，沪江大学附中还是和许多其他的中学一样，在这样的境况下坚持着。有数据表明，1939 年秋季时，沪江大学附中共有教员 20 人，学生 485 人。

可以说，中学时期既是一个人人格形成的时期，也是体格发育的关键时期，但战争环境下，经济与医疗都大受影响，中学生们身体羸弱在所难免。夏家本来经济状况还算良好，但战争期间也是过得极为艰苦，所有的生活用品价格飞涨，江南沦陷后，老家的田产也没了收入。再者，一家之主夏福田也随政府迁往了四川，家里的收入大减。开始时一家老小还能坚持，但在抗战后期，已经开始借钱度日，可见当时夏家经济之窘迫。

在成年后的一份自述材料中，夏穗生反复提及了抗日战争时期他家中的经济困难。由于家乡余姚沦陷，全家人都逃难到了上海租界他父亲的住所，一大家子人挤在一个小房子中。当时除了父亲的收入，还有一大部分要依靠乡间地租。但乡间地租全部交于账房手中，账房大揩其油，他们在上海租界也是鞭长莫及。受战争影响，他们在上海租界与内迁的父亲也无法维持联系，经济状况更加恶劣。

由于战争期间的惶恐不安，加上缺乏营养，夏穗生在 1939 年得了当时常见的疾病——肺结核，因而辍学一年。肺结核的特效药链霉素 1944 年时才在美国开始临床试验，所以在当时的上海，肺结核是没有特效药的，只能硬扛，夏穗生算是命大扛过一关。

上海陷落后，沪江大学校长刘湛恩选择留在孤岛与沪江师生一起共克时艰，他安排学生们三班倒上课，上午中学，下午大学，晚上商学院，没课的时候就组织学生宣传抗日，慰问伤病员，救助难民，等等。在校长的带领下，沪江大学一众学生似乎一夜长大，突然就能顶住这最后一片天了。作为沪江校长与基督徒，刘湛恩在上海教育界极有声望，当抗日团体纷纷撤往大后方坚持抗日时，刘湛恩选择了在极为危险的孤岛坚持抗日，他似乎完全明白自己的危险处境，一封他给友人的信件流露出了他的心迹："很难预言，未来还会发生些什么事情，但不管发生了什么情况，我们的这所基督教大学一定会继续办下去。我们的心为恐怖的战争和可怕的受难及毁灭在流血，我们相信，中国的基督教会不会在这空前的危急时刻停止活动，沪江大学仍将作为基督教信仰的灯塔做出贡献。"

悲剧最终发生在 1938 年的初春，由于刘湛恩严词拒绝出任伪政府的"教育部长"，而日伪当局又极度恐惧他所做的抗日宣传工作，他们最终在 4 月 7 日，在去往沪江大学的路上暗杀了刘湛恩。消息一经传出便震惊全国，沪江师生悲愤异常，整个孤岛为之哭泣。4 月 9 日，上海各界在国际礼拜堂为刘湛恩举行了葬礼。当时上海的各界代表和群众、全体沪江师生共计 3000 多人参加了追思礼拜并送殡，夏穗生便是默默跟在队伍中的一员。

那长长的队伍压抑了所有的悲伤与愤怒，最终演变成了一场抗日游行，每一个走在送葬队伍之中的学生，比任何时候都要明白他们为什么要读书。"为什么要读书？"这个问题若是放在今天，可能会有无数个答案，但在 1938 年的孤岛中，除了"抗日救国"，恐怕不会再有第二个答案。

抗日救国对我们来说可能只是历史书上的一段，或是爱国主义教育的一部分，但对 1938 年孤岛上的中学生们来说，抗日救国就是他们活着的全部信念。就像沪江附中教师陈其善在高三学生临别时说的那样："青年为国家之命脉，民族之中坚，方今国难正殷，诸君适于此时毕业，则已肩负救国与复兴民族之责任，吾尤盼望于诸君，努力于科学研究，并养成基督化之人格，秉牺牲奋斗之精神，以排除人类之蟊贼，而恢复国际和平与正义也。"

1941 年 12 月，日军偷袭珍珠港，太平洋战争爆发，日军接管了上海租界，孤岛自此不复存在。1942 年 1 月 15 日，沪江大学被迫做出了无限期停办的决议，而 1935 年入学的夏穗生刚好在这一年高中毕业。上海沦陷后，很快，孤岛上的英美学校被迫停办，各个国立或私立的大中小学也都被强制加入日文课程，教授中日友好，沟通中日文化云云。

对夏穗生来说，这段时期无疑是人生最艰难、最灰暗的时刻。抗日战争开始后，一直庇护着他的孤岛和学校一夜之间全部消失了，他的父亲还在四川，他们一家在上海的生活已经十分困难了，经济状况大不如前，旧日里那些亲友们对他们家都十分热情，但随着境况的变化，也都渐渐冷淡了起来。地主家少爷夏穗生第一次感到了世态炎凉，开始认识到除了靠自己，人生并无出路。

尽管世态炎凉让他感到消沉，但幸运的是，沪江精神已经在他的身上扎下了根，他并没有沉沦，反而更加坚毅了。他在后来的一份材料中也提到，之前他读书并不认真，他的出身让他没有那种急迫感，真正开始发愤学习就是在上海沦陷后这最艰难的时期。

正如沪江中学高三学生的毕业感言说的那样："两年来，被逼迫在这城市的角落里面上课，方才领悟到从前生活的可贵、难得。我深切地忏悔，为什么当时要设法免上早操，或借故不参加童子军活动？愿沪江附中的兄弟姐妹们，不要沉醉在舒适的环境里，而磨灭青年人努力的志向！愿沪江能产生些在困苦中奋斗成功的人物！"

夏穗生后来的人生道路显然具有了这种逆境中奋斗的精神，他一辈子愈挫愈勇，从未停歇过奋斗。据后人回忆，夏穗生十分担心"玩物丧志"，他自始至终保持了一种居安思危的精神，而这极有可能源自他年少时在孤岛里培养的沪江精神。

四 沦陷区的从医之路

1942 年初，夏穗生从沪江附中毕业时正是他们一家最困难的时候。若从 1937 年上海沦陷开始算起，夏穗生的父亲夏福田随国民政府迁往四川，他们全家老小就一直在租界里艰难度日，5 年就这样过去了，仗还没有打完，父亲也回不到上海，仿佛日子要这样一直耗下去了。

直到 1941 年 12 月，事情有了变化。日军偷袭珍珠港，太平洋战争爆发，日军接收了上海租界，孤岛自此不复存在。日军接收孤岛后，夏穗生第一次真正尝到了在日军的统治下做亡国奴的滋味。但是对美国宣战也是日本法西斯最后的疯狂了。就是在抗战最艰苦的时刻，夏穗生选择了上海的德国医学院，自此走上了从医之路。这个抗日战争期间建于上海的德国医学院在抗战后（1946 年）被并入了上海同济大学医学院。

自 1942 年进入德国医学院，到他 2019 年离世，夏穗生与同济大学的缘分长达 77 年，同济对于他的分量，甚至超过了他任何一位亲人，成为他生命全部的意义所在。

上海宝隆医院

1942 年夏穗生中学毕业时，正值抗日战争的第 5 年，很多大学都停办了，没停办的也早已经内迁四川了。夏穗生的母校上海同济大学也一样，抗战开始后不久就内迁了。兵荒马乱，夏穗生能在抗日战争如火如荼的时候接受当时最尖端的医学教育，得益于一所德国人在上海开设的医院——宝隆医院（Paulun Hospital）。

故事都要从一个叫埃里希·宝隆（Erich Paulun，1862—1909 年）的德国医生说起。

宝隆医生 1862 年 3 月 4 日出生于德国的不伦瑞克（Braunschweig），是一位拥有博士学位的德国军医。

作为军医，宝隆在 1891 年间曾随德国海军 "SMS Iltis" 号到过中国，亲眼见到中国医疗卫生堪忧、传染病流行，那时的他已经萌发了要在中国开办医院的想法。只能这样说，他这样的志向完全呼应了当时德国的外交政策。十九世纪末，德国公使就不断

埃里希·宝隆

强调英美法在华的传教士医生数量远远超出德国，恳请国家派遣德国医生前往中国，以扩大德国在华的政治、文化和科技影响力。德国在上海的总领事则表示，要利用每一个机会，使德国文化在上海受到重视，并让人知道，除了英国，还有其他国家的利益存在。无论初衷如何，宝隆在上海开设医院的行为显然符合了这一历史潮流。十九世纪末，宝隆就联合了上海的德国医生，组成了上海德医公会。

1899 年，宝隆便开始以上海德医公会的名义筹款办医院。1900 年，也是另一个庚子年，同济医院就在上海滩诞生了，而带有德国血统的 "同济" 二字如今早已成了中国医学的金字招牌。

回想当初创立之时，"同济" 有两层意思。一是 "同舟共济"，出自中国先秦典籍《孙子·九地》，二是 "同济" 的发音与德语中 "Deutsch（德国）" 一词的发音相近，故名同济，意指德国。这其中的意思再明显不过了，就是德国与中国要同舟共济。若抛开成立时的时代背景，只看医学领域，"同济" 确实代表 "同舟共济" 的中德友谊。同济医院在成立之

初，便得到了中德双方的各种支持，这与英美教会医院的性质有着极大的不同，其最大的特点便是脱离了宗教，而以中德科技和文化交流传播为导向。

在募集筹款时，同济医院便得到了上海绅商、德国企业、上海官员、德国领事的多方共同支持，最终购买了白克路（今凤阳路）的一块 7 亩大的地皮，兴建了 10 余间平房，作为最初的院址。颇为讽刺的是，同济医院创建于 1900 年，也就是八国联军侵华的当年。德军将领瓦德西（Alfred Graf Von Waldersee，1832—1904 年）还是八国联军的统领之一。八国联军侵华之时，宝隆还临时参加过德国伤病员的救治工作，待伤病员撤走后，留下的器械设备则成了同济医院的诊疗设备。最初的手术室与病房也是德军伤病员撤走后留下的。

同济医院的院长就是宝隆医生，其他医生都是上海德医公会的医生，坐诊的时间有限。医院也没有专门的护士，由临时训练的中国工人照顾病患。最初时，也不收诊费，而是收取高价药费，入不敷出时，便由上海官方补贴度日。宝隆为了宣传医院，派人四处宣传，喊的广告词是上海话——"茄门（German）医生呱呱叫"，在医院影响扩大后，医院才得以扩建并慢慢走上正轨。

医院建成后，缺医少药的现象一直困扰着宝隆，特别是医院缺乏能全天坐诊的医生，宝隆迅速意识到，创建一个医学堂，培养中国本土医生，才是真正传播德国医学，让德国科学技术在中国赢得声誉进而在思想文化与政治上影响中国未来一代的好办法。宝隆的构想得到了德国在华领事与德国政府的大力支持，在一系列活动与操作下，在同济医院创立 7 年后，上海德文医学堂（Deutsche Medizinschule）于 1907 年 10 月初举行了开学典礼。上海德文医学堂的校舍就在同济医院的对面，位于白克路（今凤阳路）23—25 号。医学堂设有德文与医学两科。德文科学习三年，再进入医学预科（医前期）两年，最后进入医学正科（医后期）三年，共八年制。

1908 年，上海德文医学堂改名为上海同济德文医学堂（德文名字没有变化，还是 Deutsche Medizinschule），德文科与医前期迁往金神父路上课，医后期的学生则都在同济医院内上课实习。虽然医院与医学堂有后期学生实习关系，但两者均为独立单位，没有隶属关系。1909 年，宝隆医生不幸去世，为了纪念这位奠基者，同济医院更名为"宝隆医院"。1912 年，同济德文医学堂扩大为"同济德文医工学堂"，加入了工科。

事情在 1914 年第一次世界大战时发生了变化。德国是两次世界大战的战败国，两次都不与中国在同一战线上，这样看来，同舟共济不过是一种美好的期许而已。当时的德国是同盟国盟主，而中国则是协约国一方的附庸，1917 年 3 月 14 日，中国北洋政府宣布与德国断交，曾经宣称同舟共济的德文医工学堂立刻陷入了尴尬之中。至此，同济德文医工学堂结束了德国人掌控的时期，转而由中国控制。

学堂还是那个学堂，但校名随着时代不断更迭，到了 1923 年，最终定名为同济大学，1927 年国民政府上台后，命名为国立同济大学，是当时首批经国民政府批准成立的 7 所国立大学之一。读者们应该了解的是，虽然对外名义上，同济大学已经转为中国控制，但在实际操作中，德国通过外交手段、财力物力资助、教学模式、教学语言、师资派遣、学生文聘认可等方式一直保留了对同济大学极大的影响力与同济的德国特色，可以说同济大学无论是在德国控制下还是在中国控制下，都是引进德国学术与文明的最前沿。

国立同济大学在 1932 年的"一·二八"事件中被日军轰炸，损失惨重，1933 年得以修复。但好景不长，正是这一年，希特勒纳粹党上台，德国的对华与对日政策都开始改变。1937 年全面抗日战争爆发，上海沦陷，同济大学的校园成为一片灰烬，同济师生们不得不踏上了内迁之路。抗日战争中，每一所大学的内迁之路都是一部史诗，都是中华民族的"长征"。同济大学的内迁之路辗转沪、浙、赣、粤、湘、桂、滇、黔、川9省市，还曾取道越南，总行程11000公里。难怪有人常说，中国最伟大的大学是西南联大，而这个抗战时期临时组建的学校存世仅8年。那些防空洞里的课室，轰炸警报下的读书声，转移万里的书籍，点燃了爱国、民主、科学之火光。

就在这万里迢迢的内迁之路上，同济大学与德国的纽带开始松解，大部分德国籍教授放弃了随迁，选择回到日占区的上海或回国，这样对他们来讲更安全。但从根本原因来看，还是德国纳粹与日本的同盟关系，使德国对华文化政策的中心转到了日占区的上海，而非内迁四川的同济大学。由于当时的宝隆医院还在上海，德国得以依靠宝隆医院的师资力量在上海另建德国医学院（Deutsche Medizinische Akademie Schanghai，DMAS）以实现在华影响力。

1941年7月2日，中德断交，同济大学与德国的关系已经无法继续。而德国在日占上海另建德国医学院的步伐则进一步加快了。就这样，1942年的夏季，日占上海的德国医学院正式开学。

不得不说，这所上海德国医学院完全是二战时政治的产物，它的出现却完全改变了夏穗生的命运。1942年，夏穗生还是一个刚满18岁、从沪江附中毕业的学生，生活在日占沦陷区的他本没有太多出路，好大学都内迁了，没迁的都要学日语。他当时只是简单想着能找个不用学日语的学校，就刚好遇上了德国医学院开学招生，而且满足了他全部的心愿：既不收学费，又不学日语。

五 上海德国医学院的求学生涯

在被日军占领的上海，人们的出路有限。好的大学都响应号召，内迁到西南国统区好几年了，当然也包括了国立同济大学。由于日本与英美同盟国的敌对关系，在上海的英美系学校也全面停办了，沪江大学就是一例。当然总有些不停办也不内迁的学校还在勉强坚持，但只要留在日占区，都是必须学日语的。对学校而言，内迁有内迁的艰苦卓绝，而留在沦陷区更多的则是无尽的压抑与无奈。

夏穗生中学毕业时，就是在 1942 年的上海。抗战时期的从医之路远没有今日从医之路那么多权衡和考量，可以说是有什么学什么。今日孩子若想学医或不想学医，都是经过了全方位的思量，有家庭状况、个人兴趣、成绩、职业发展前景、收入水平、社会地位等各方面原因，但 1942 年，夏穗生 18 岁时所想的事情远没有这么复杂。

他只是简单痛恨日本人——抗战一开始他的中学就被炸毁了，他们躲在租界里艰难复课，可以说，他的整个中学生涯都是以抗日为主题的。日本侵华战争还毁掉了他原本平静而体面的生活，那些年夏家过得十分艰苦，家乡人常把咸菜晒成干菜以便保存，作为下饭菜，营养可想而知了。战争实在是拖得太久了，到抗战的最后时期，夏家已经开始借钱度日了。

有了这种经历，不难想象，夏穗生中学毕业后选择学医，根本谈不上什么选择，而是没有办法的办法。夏穗生的父亲是个政府公务员，祖父是个富二代，曾祖父是个成功的绅商地主，夏家家族里没有从医传统，跟中医西医都不沾边。所以从某种角度说，夏穗生学医是受了简单的民族主义的驱使，是抗日战争时代背景下的一个偶然事件。

生活在日占上海，夏穗生的想法仅仅是一定要找个不学日语的学校。尽管那时他只有 18 岁，尽管那时他身在沦陷区。他的骨头就是这么硬，一生如此。而命运就是这么奇特，全因二战政治形势而生的上海德国医学院恰巧在此时开学招生，满足了夏穗生的心愿：不学日语。当然，还有额外的好处：不收学费。想想看，1942年在被日军占领的上海，也只有德国医学院能做到这样了。

对于夏穗生来说，除了日语这个民族主义情绪引发的心理障碍，学费也是个现实障碍。抗战时期特别是最后几年，夏家确实十分困难，最困难的时候，一家人曾经离开了租界，短暂返回余姚韩夏村，乡下至少有屋有田，有田就能有口饭吃，不至于饿死。而且临近抗战胜利时，担心日军在节节败退的情势之下会轰炸上海也是原因之一。好在终于熬到了1945年抗战结束，父亲夏福田从四川返回了余姚，又把一家人接回了上海。

上海的德国医学院是抗战时期的临时教育机构，因而时常被忽视。简单说来，国立同济大学医学院是中国的一个高等教育机构，但具有德国教育传统，而宝隆医院则是一所德国人所有的医院，两者完全平行独立，宝隆医院一直是同济大学医学院后期临床阶段的实习医院与教学点。但到了二战时期，由于中德是处在敌对的不同阵营中，同济大学医学院内迁四川，与德国的纽带越来越远，与宝隆医院的临床实习关系更是不可能了。而留在上海的宝隆医院在同济大学内迁后，则有强烈的意愿要成立一个自己的（属德国的）医学教育机构，这便是上海德国医学院的由来。

夏穗生后来曾向他的妻子多次谈及他是如何被上海德国医学院录取的：那时的面试是用英文进行的，排在他前一位的面试者因为听不懂面试官的问题正不知如何是好时，夏穗生在后面自告奋勇地将面试官的问题翻译成了中文。就这样，他的面试还没开始，就以出色的英文水平被录取了。

上海德国医学院有四处教学基地：

（1）同孚路（现石门二路）82号，作为德语语言培训教学基地。

（2）善钟路（现常熟路）100弄10号，作为医学院前期的教学基地。

（3）白克路（现凤阳路）宝隆医院，作为医学院后期即临床教学的教学基地。

（4）戈登路（现江宁路）女青年会，内设立病理学研究所，作为临床教学的一个部分。

上海德国医学院修学年限与同济大学医学院相同，为六年制，即医前

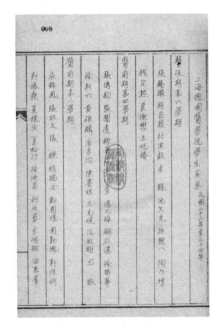

上海德国医学院学生名单（1944—1945年）

期、医后期共5年，实习1年。医前期的课程大致包括化学、分析化学实习、物理、生理学、生理实习、解剖学、系统解剖学、尸体解剖实习、组织学、组织学实习等。医后期的课程则大致包括病理学、法医学、外科、内科、神经病学、X光线学、小儿科、妇科、产科、皮肤花柳科、眼科、耳鼻喉科、药物学、卫生学及细菌学。

凡用英语考试入学者，需经一年德语培训，考试及格后才能开始学医。当时在上海有三所中学的外语课是德语，分别是上海华德中学、上海师承中学和上海浦东中学，所以有一些德语生源。夏穗生则属于用英语考入者，从1942年学校正式招生开学到1945年德国战败而停校，夏穗生在校3年，刚好完成了德语与医前期的课程。

1945年德国战败后，上海德国医学院随即停办。夏穗生则短暂进入了国民政府所办的上海临时大学继续学业。1946年同济大学迁回上海，上海

德国医学院并入同济大学医学院的相应班级，承认其学历，毕业时同样颁发同济大学医学院的毕业证书。上海德国医学院完全出自宝隆医院一脉，严谨、求实的教学模式，与内迁的同济大学医学院毫无隔阂，加之上海相对稳定的环境，反而使德语与基础医学更扎实一些。

在上海德国医学院就读时，夏穗生依然徒步上下学。他家住在牯岭路的厢房，而德国医学院前期教学是在善钟路，夏穗生步行大概需要一个小时。按他跟妻子石秀湄后来的说法，他的医学专业成绩非常好，不仅如此，德语也很厉害。以他在沪江附中的英文基础，背德语单词也是得心应手，他视最枯燥无味的背单词为一种极大的乐趣，游戏一般地背来背去，乐此不疲。

当然，背单词并不难，但真没人能像他一样把枯燥无味的事情当成一种乐趣来钻研，也许这才是一种真正让人前途无量的本事。

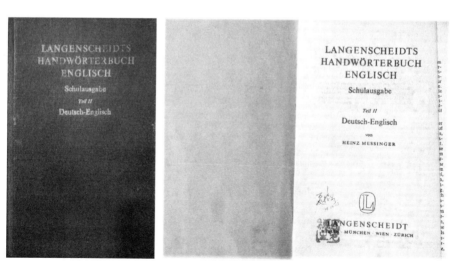

夏穗生曾经使用过的德文和英文字典

六 最后的明珠

当夏穗生在 1942 年进入上海德国
医学院艰难求学之时，同济大学正在
大后方苦苦支撑着，1942 年的时候已
经迁到了较为妥善的安置点——四川李
庄，所谓的较为妥善是指李庄没有像昆
明那样时常处于日军的轰炸警报之下。
由于较为安全，加上以罗南陔为首的当
地地主乡绅 32 人联名表示敞开怀抱接
纳同济大学，发出了著名的十六字邀请
函：同大迁川，李庄欢迎，一切需要，
地方供给。所以，同济大学医学院在此

青年夏穗生

时进入了一个难得的安顿时期，得以在李庄著名的景点九宫十八庙里潜心
学问，直到 1945 年抗战结束返回上海。

同期从沦陷区迁去李庄的学术机构很多，包括金陵大学、中央研究
院、中央博物院，等等。一时间，李庄这个名不见经传的西南小镇突然成
了保存中华文明火种的学术中心。这个民族在如此艰难的时候所表现出的
坚毅，让后人感动不已。

夏穗生善于学习，而且总怀着一股要比别人学得好的劲儿，这种天生
的动力与执着一生都没有消减过，而这种由自而生、心无旁骛的精神，让
他的学术追求有一种乱世中难得的干净与纯粹。

在上海德国医学院教医学专业的老师全是德国人，全部使用德语教
学，每个班学生都不满 30 人，教学质量相当高，这使留在上海的这波学
生的德语与医学水平都十分出众。当时学校里唯一教德语的老师是个匈牙

利人，据当年的学生回忆，这位匈牙利老师在英国学校教英文，在德国学校教德文，教他们就是使用英文来教德文，对比之下，他们的德语上手非常快，半年的时间，简单的听、说、读、写也都可以了，合格后就可以开始读医前期的专业课了。

夏穗生脑子灵活，懂得多，中国文学的底子也不错，善于思考问题而且习惯于不顾一切追根究底，因此在同学中得了个绰号——"师爷"。他的这一绰号广为人知，连他的弟弟都跟着被喊成了"师叔"。他的同学至今还记得他在课堂上常常能回答老师突然提出的问题。例如有一次，德国老师提问：红外线是什么？夏穗生便回答，红外线是温度、热量，我们感到阳光有温度就是因为其中有红外线。

据当时的学生回忆，学校里德国老师和中国学生的关系并不密切，交流十分有限，是纯粹的教学关系。当然，上海德国医学院的老师大多是宝隆医院的医生，也不是全职教学的。除此之外，另一层原因便是战时的紧张关系。处于特殊环境之下的上海德国医学院在政治问题上十分隐晦，所以除了医学教学外，不与学生谈任何问题，以一种独立的德国医学教育机构示人。

二战时期，要在日占上海办学，并且能够不学日语保持自身特色，没有跟日本当局的关系是根本做不到的。上海德国医学院当然也知道，在沦陷的上海，中国青年学生的心态有多敏感，任何一点点显露出与日本人的关系都会引发强烈的民族情绪，给自己惹上麻烦。所以，医学院保持着纯正的德国特色。据当时的学生回忆，学校教室里都挂有希特勒的标准像，书架上的书刊也都是关于德军在欧洲战场上的"伟大胜利"，反正看上去跟中日关系都不大。

就这样，抗日战争的最后三年（1942—1945年），夏穗生算是正式走上了从医之路，读完了医前期的课程。

1945 年 4 月 27 日，苏联红军打进柏林市中心，三天后，希特勒自杀。5 月 8 日，德国在投降书上签字。很快，上海德国医学院便停办了。德国投降并不代表着日本投降，但却预示着日本法西斯也没几天了，很明显，日本不可能以一己之力对抗同盟国。1945 年 8 月 15 日，日本宣布无条件投降。

笼罩在上海上空的阴霾终于散开。都说守得云开见月明，但真是未必。迁走时难回亦难。同济大学的回归上海之路到 1946 年才完成。

当同济大学再回到上海之时，已经物是人非，经过四方交涉，才弄到一些散在上海各处的房屋作为校舍复课。夏穗生所在的学校上海德国医学院作为战败国的财产被同济大学医学院完整接收，夏穗生则是被并入了同济大学医学院的相应班级继续医后期的学业，直到 1949 年完成临床实习（1949 届），正式毕业。

抗战时德国人的宝隆医院则一样作为战败国的财产被接收了。由于德国早于日本投降，宝隆医院先是过户给了日本，成了日本陆军医院，日本投降撤离时，医院已被日本人洗劫一空。

抗战胜利后，医院隶属国民党军统局中美合作所，并接受了美军医疗物资，因此更名为中美医院，1946 年 6 月医院重新开诊。同济大学回沪后起诉了中美合作所强行征用中美医院的作为。最终，在协调下，医院被交还给与之具有长期历

抗战后的中美医院

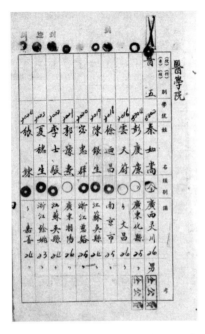

国立同济大学医学院学生名册（1947 年）

史合作关系的同济大学，但中美医院的名字保留了下来，成为同济大学医学院附属中美医院。正是自这时起，医学院有了自己专门的附属医院可供学生临床实习。

夏穗生在同济大学医学院的临床实习期便是在当时的中美医院进行的。据同届的同学回忆，夏穗生所在的班级有 80 多人。由于他们的大学时光完全处于极不稳定的战争期间，同学们的经历都很复杂，在读年限也都不一样，多多少少有所耽误。合并后的班级主要有三波人，五分之四是跟随同济大学内迁的同学，另有五分之一来自留在上海的德国医学院，极个别是周边大学转学过来的。入学时间都是在 1941 年和 1942 年，他们的班级在 1949 年毕业，在校时间都长达 7 至 8 年。

夏穗生在校时，成绩非常好，尤其外科水平突出，被老师留在了中美医院进行临床实习。当时由于医学院学生人数众多，只有大约一半的学生能够留在中美医院实习，另一半学生则需要去上海其他医院实习。留在中美医院实习的，查房、病例、病情记录这些都还是遵循传统，使用德语。

就这样，夏穗生在 1949 年完成了所有的课业与实习，从上海同济大学医学院毕业，他和他的母校一样，是德国医学精神与中国救亡自强精神最完美的结合品。如果我们把新中国成立前称作旧社会，那夏穗生便是那个旧社会所造就的最后的明珠，注定要在新中国大放异彩。

1989 年，在同济大学医学院 1949 届学生毕业 40 年时，曾在武汉同济

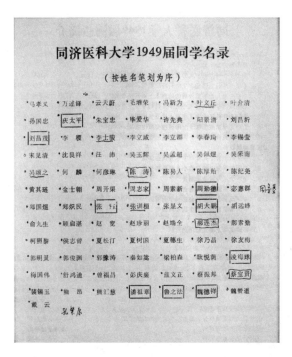

同济大学医学院（1945年更名为同济医科大学）1949届同学名录

医院举办过一个学术交流性质的同学会。跟所有的同学会一样，他们回顾了那些无比曲折、艰辛的求学史，报告了他们分别40年来在医学上的建树。为了那些不致忘却的纪念，夏穗生当时特赋诗一首于纪念册上，笔者摘录于此供读者们欣赏：

四十年前各西东，

人生一梦太匆匆。

而今老辈情深在，

留得平生一叶中！

夏穗生毕业照

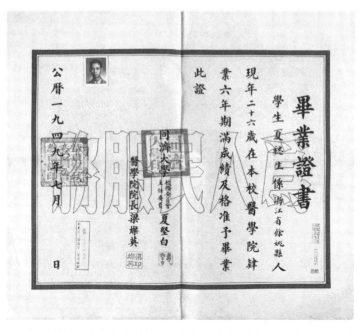

夏穗生的大学毕业证书，当时上海已经解放，但新中国尚未成立，这一时期的毕业证上可以看到"华东军政委员会教育部"的方章

第三章

经年相伴

一 天长地久有时尽

桃花灼灼，宜室宜家，一堂缔约，良缘永结。

良缘永结于 1952 年的上海。

1929 年，石秀湄出生于上海市静安区成都北路一个弄堂里，父亲是外资银行职员，石秀湄的童年是在公共租界里度过的。据她讲，那是她一生中最无忧无虑的时光。

"当时真的那么好吗？"

夏穗生与石秀湄的结婚照，拍摄于 1952 年

"是的，安居乐业，跟现在一样。"

这是她的原话。但除了安居乐业之外，她似乎也说不出那时好在哪里了，毕竟年纪太小。

"后来家里的情况就没那么好了，一是因为打仗，二是因为弟弟妹妹生得太多。"她又补充道，石秀湄是家中长女，共有 7 个长大成人的弟弟妹妹，还不包括没养活的，家庭之境况可想而知。

她清晰地记得日本人打

来时，她家住在公共租界里成都北路 741 弄 139 号，那时她在上小学。

"1937 年日本人来了以后呢？"

"我知道日本人来了，但租界里没有日本兵，我还记得晚上家里都不能开灯，门要紧锁，窗户都要用纸糊上。我每天都很害怕，怕日本人来。"

这大概就是她对上海抗战时期生活的全部回忆，不知道她是真不记得还是不愿意说。

"反正跟现在的电视剧不一样，但只要过苏州桥都要给日本兵鞠躬倒是真的。"她又补了一句。

石秀湄年轻的时候见识过上海滩的十里洋场，虽然等她长大一点时，十里洋场的盛况已过，但那时审美还是不被批判的，而青春期养成的习惯，往往奠定了人一生的审美偏好。

由于家庭境况不佳，石秀湄念到初二时便辍学了，在家待了好一阵子，等到抗战胜利后，1945 年至 1946 年时，她才找到了一个提供免费师范教育的学校——上海新陆师范学校，又继续念上了书。这所师范学校虽然创立时间不长，没有悠久的历史传统，但也算得上是那个风起云涌的大时代中的佼佼者、先知先觉者了。

据石秀湄回忆，当时学校里的学生是公开分成两派互斗的，一派支持国民党，一派支持共产党。当时的石秀湄只是一个十六七岁的女孩子，哪里搞得清楚这么多？对于青春期的女孩子来说，内战或不内战对她的影响不大，甚至读不读书都影响不大，恋爱大过天才是真的。更何况，她的家庭状况并不好，作为家里的老大，她若能早些结婚成家也是对原生家庭的极大帮助。

石秀湄与夏穗生婚姻的成功，一定程度上应该归功于自古以来将浪漫与爱情排除在外的包办婚姻。他们是通过相亲认识的，大概在 1947 年，当时石秀湄 18 岁，夏穗生 23 岁。介绍人是他们共同的亲戚，夏穗生的舅妈，同时也是石秀湄外婆的妹妹。在这样一层关系下，夏穗生和石秀湄本就是没有血缘关系但有姻亲关系的远房亲戚。由于知根知底且家庭处境类似，两人的恋爱从一开始便十分稳定，无波无澜，当然浪漫色彩显然不够。

夏穗生与石秀湄最初被安排在介绍人舅妈家见面，显然夏穗生对女方万分满意，喜欢得不得了。石秀湄年轻时十分漂亮，夏穗生一见倾心也属正常，但石秀湄当时对夏穗生并没有等同于夏穗生对她的满意。据石秀湄回忆，当时的夏穗生特别瘦，又高，完全谈不上帅气，也没有后来杏林泰斗的风范，像个"长廊杆"一样。但好在二人有双方家庭的撮合与支持，便开始了互相了解。后人都只是知道夏穗生是个天生的工作狂，心里只有事业，哪有什么家庭？但据石秀湄回忆，他的工作狂形象是结婚后才慢慢显现的，婚前他对于追求自己未来的妻子也是十分上心的。

他们谈恋爱那会儿，是新中国成立前后那几年，那时通货膨胀非常严重，上海物价飞涨，人们的日子都很困难。1947年他们刚认识的时候，夏穗生还在同济大学医学院附属中美医院上医后期的课程，还没有开始实习，石秀湄则在新陆师范学校念书。据石秀湄回忆，夏穗生最常做的事情便是送她上下学，当时上海新陆师范学校在吴淞路，而中美医院在白克路，这两个地方离家都不远，上下学之路也便成了恋爱之路。至于这恋爱路上都聊些什么，可知的是夏穗生曾经询问过他未来的妻子，将来是做内科医生比较好还是外科医生比较好，石秀湄告诉他外科医生比较好。对于自己的专业，夏穗生不可能没有主见，但这样的回答对他来说无疑是一种莫大的鼓励。

当然，谈恋爱不能只聊自己的学业与工作，风花雪月是一定不能少的。夏穗生酷爱读书，小时候读过不少经典文学名著。据石秀湄后来回忆，他们谈恋爱时，他常常给她讲经典故事，《三国演义》《水浒传》《红楼梦》里的故事都讲过。他讲的时候信手拈来，绝不是临时背书可得的。这让她对他顿生一种崇拜的感觉，渐渐地，她发现"长廊杆"原来是一个上到天文下到地理样样精通的学问家。她一生都对这样一个博学多才、刻苦勤奋的人充满了崇拜。

说起博学多才，夏穗生还十分喜欢写诗，特别是唐代的五言诗和七言诗，后来也给他的妻子写了不少。当然，让一个医学家去当诗人还是有点难度的，所以为了恰如其分地表达出真挚的情感，谈恋爱时，夏穗生还是选择了摘抄唐代伟大的现实主义诗人白居易的经典长诗《长恨歌》送给未来的妻子，而《长恨歌》也成了石秀湄一生中最爱的诗。

《长恨歌》叙事部分太长，笔者不再重复，但还是将其中被反反复复吟唱的诗句摘录于此，以纪念他们长达 72 年的爱情：

> 在天愿作比翼鸟，在地愿为连理枝。
> 天长地久有时尽，此恨绵绵无绝期。

每到周末，他们也会像现在的情侣一样去看电影。据石秀湄回忆，他们俩在一起看的第一部电影是《遥远的爱》（1947 年上映），第二部是美国电影《金石盟》，后来看多了就记不住电影的名字了，但前两部她总是记得。据她说这两部电影都是浪漫的爱情片，预示着他们美好的爱情。

夏穗生对岳母家的事情也是极其上心的，岳母十分喜欢他。由于岳母家就在中美医院附近，所以他常常去帮忙和蹭饭。在他和石秀湄谈恋爱的时候，石秀湄的小妹妹得了肺结核，严重到已经卧床不起的地步，当时肺结核的特效药链霉素才进入中国不久，他就从医院买药，拿回家自己给小妹妹打上，这才救活了小妹妹，这使石家人万分感动。从他和石秀湄婚后的情况看，他与石家人的亲密程度远超他自己的家族。由于石秀湄家弟弟妹妹众多，他亲手给石家写家谱，并以大姐夫的身份自豪，可谓好姐夫的典范。

1948年，石秀湄从上海新陆师范学校毕业并进入交通部材料储运总处张华浜码头仓库工作，这份工作是夏穗生的父亲夏福田介绍的。这份在当时体面又有着稳定收入的工作，却为她日后不幸的遭遇埋下了伏笔。

夏福生和石秀湄两个人的恋爱可谓谈得久了一点，从新中国成立前谈到新中国成立后，从旧社会谈到新社会。之所以拖这么久才结婚，是因为当时的中美医院规定，医生一定要做到总住院医生才能结婚。

那个时候，读完医后期的课程后，要做一年实习医生，做两年住院医生，才能做到总住院医生。到1952年，他们终于可以结婚了，一个29岁，一个24岁，这在当时已经是绝对的晚婚了。那时他们已经有了自己的积蓄，收入在当时还算不错。新中国成立后的第三年，1952年12月20日，

位于南京路上的沪上老字号新雅茶室至今仍在，夏穗生夫妇当年在这里举行婚礼

他们在沪上老字号新雅茶室举办了婚礼。二人一个穿着中山装，一个穿着旗袍，正式而朴素。他们邀请了许多人到场见证他们的幸福，包括双方的亲戚、领导、同事和同学。石妈妈一家当然是最开心的，一家人包括石秀湄众多的弟弟妹妹们整整齐齐地参加了婚礼。

一年后，夏穗生与石秀湄的女儿出生，第二年他们又添了个儿子，在妻子刚怀上第二胎的时候，夏穗生便决定结扎，此生不再生育。两个孩子都在当时的同济医院出生，跟随夏穗生夫妇一起住在静安区成都北路741弄130号，夫妻俩上班时，孩子由外婆看管。

二 上海一九四九

1949年5月27日，上海解放，那时石秀湄刚刚20岁，已经工作了一年。她后来回忆，新中国成立前夕她在吴淞的张华浜码头仓库上班，看着国民党的军队从上海撤走，同时撤走的还有一批不合时宜的人，这些人有钱有势，拖家带口，要么回国，要么辗转去了香港。她并不清楚这意味着什么，也记不住具体日期，但她清楚地记得当时是多事的春夏之交，上海气温适中，她穿着单衣。

晚上她锁好门，用报纸糊好窗户，关上灯躲在家里，因为她害怕轰炸。1937年日本人来的时候她看大人们就是这样做的。

"可是解放军又不是日本人，歌里唱的都是解放军是我们最亲的人，况且解放军那会还是土八路，也没空军啊，天上不会掉炸弹。"

她想想也是。

5月27日夜里，进入上海市区的解放军秩序井然，就地睡在马路上过夜，为了不堵塞主路影响市民生活，他们沿街排好睡出了好长好长的队伍。凡是看到这一幕的人都明白：国民党真的回不来了。

夏穗生所在的中美医院情形就不同了。上海周边的伤员被源源不断地送往中美医院，根本忙不过来，夏穗生穿梭在治病救人的战场上，用自己的所学尽一个医者的责任。

抗战期间，军事开销大增与沿海富裕地区税收的丧失，使国民政府财政赤字惊人，而增加纸币的发行量不可避免地引发了通货膨胀。纸币的发行量从1937年的13亿元狂飙到1948年的245589990亿元。战后拿着上亿元的钞票去买点米的事情，在上海是见怪不怪的。在1945年至1948年间，物价以每月30%的幅度上涨，上海的物价指数上涨了135742倍。[①]

通货膨胀极大地影响了市民的生活，大量城市的中产阶级沦为贫民，彻底破坏了国民政府的信誉。据石秀湄回忆，内战时期，上海市民生活极其艰苦，她的父亲是银行的出纳主任，薪水还算不错的，但由于子女众多，依旧十分困难，吃都吃不饱。钞票在当时是没用的，必须立刻购买食物储存。她记得当时她们家是把装被子的大柜子腾出来屯米的，下饭的菜就是腌菜而已。只有经历过那种年代的人才会觉得浪费一丁点菜渣都是极大的罪过。

1949年5月27日上海解放后，中国人民解放军军事管制委员会接管上海。6月6日，同济大学全校复课。

1951年5月20日，几度更名的中美医院终于改回了1900年宝隆医生初创时的原名——同济医院[②]。

---

① 数据参考徐中约著：《中国近代史》（下册），香港中文大学出版社2002年版，第648页。
② 同济医院1900年名同济，1909年名宝隆，1946年名中美，1951年再名同济，1955年迁往武汉称武医二院，1985年再更名同济，并沿用至今。

　　夏穗生此时已经在医学院附属中美医院做了住院医生，还兼任医学院助教。那时他还是在临床比较多，手术水平一流，人称"一把刀"。他开始时常做一些肛肠手术，后来慢慢转向腹部大器官，特别是肝脏。通常来讲，肝脏容易出血，在二十世纪五十年代时，肝脏手术还是个盲区，但对乐于挑战的人来说却格外有意义。

　　夏穗生当住院医生时，医院有医生宿舍，一个宿舍大概 40 平方米，上下铺，供 10 人居住。结婚以后，他和石秀湄搬到了岳母家对面居住，在成都北路 741 弄 130 号。他们住的那种弄堂房子用上海话叫石库门房子，大概有 50 平方米，有一整套家具，只是当时没什么电器，唯一的电器是一台小小的电风扇。因为可以去岳母家蹭饭，他们的生活还算方便，但因为没有炉子，冬天就十分难过，只能靠热水袋取暖。

　　婚后，两人的生活平平淡淡。平时小两口各自上班，家里的收入完全由石秀湄负责管理，石秀湄则将二人的工资拿出一半给了双方家庭。夏穗生对钱天生缺乏概念和理解，早在婚前，他就已经将全部的工资交给石秀湄保管了。

　　据石秀湄回忆，下班后，夏穗生最喜欢去的地方是医院的解剖馆，在尸体上研究尸体解剖，晚上的时候，则在家继续看书，在纸上继续研究尸体解剖。他不是那种庸庸碌碌无所事事的人，似乎脑子永远无法停止思考，虽然没什么太多的时间陪伴妻子，但好在他的妻子喜欢的正是这种一心扑在事业上的人。有时他们周末会去看看电影，那时还没有电视，所以电影算是唯一的一点娱乐了，他们最常去的电影院当然是大光明和国泰电影院。特别是大光明，可能直到今天，老一辈上海人还是认为没有哪家电影院能比得上南京路上的大光明。

　　他们的浪漫也体现在一本叫《大众医学》的杂志上，《大众医学》创办于 1948 年，刊登的都是一些面对普通大众的科普类医学内容。年轻的夏穗生经常在上面发表文章，还曾使用过笔名"禾生"与"惠生"，并且每次都要在杂志上签名并把它们当作礼物送给妻子。当然，这招很受用，在妻子的心目中，他更加才华横溢了。

除了这种学术型浪漫，他们也有一些普通浪漫，例如婚后的杭州西湖蜜月之旅。据石秀湄回忆，那时上海周边没什么好玩的地方可去，除了苏州就是杭州。夏穗生显然对蜜月之旅没有对尸体解剖那么上心，出发时他穿错了外套，就这样把钱落在了家里，两个人只能靠口袋里的一些零钱旅游。当时石秀湄肯定十分生气，但到他们年老时，这段经历反而成了一段佳话。由于钱不够，他们到了西湖饭店也没能住上能看湖景的房子，但这些都无妨，西湖的美景都是免费的。

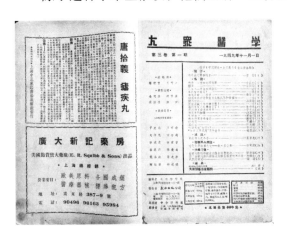

1949 年 11 月的《大众医学》杂志

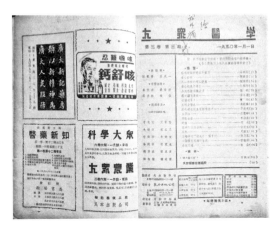

1950 年 1 月的《大众医学》杂志，夏穗生发表有一篇关于脱肛的科普性文章，并在目录上写有"给我的湄，穗"字样

他们携手 72 年，在看过人间万千风景后，还是没有地方赛过他们心中的西湖。

三　从滚滚红尘到滚滚洪流

上海解放后，解放军在上海周边的市县（主要集中于太仓、南翔、嘉定）开始大规模的涉水训练，例如游泳、武装泅渡等。训练期间，军队中出现了大规模的血吸虫病。那时候，血吸虫病在我国非常流行，江浙一带的沿海地区更甚，不要说整天泡在水里练划船的军人，当地老百姓得这个病的也很多。当时的中美医院接到任务后立刻前往前线开始了医疗救助工作。

中美医院当时抽调了一半以上的临床医生参加了血吸虫病的防治工作，当时年仅 26 岁的夏穗生便是医疗队的一员，在治疗血吸虫病的过程中，他积累了大量有关脾脏切除的经验。

中美医院去的驻地是太仓，在 1950 年 1 月到 4 月的 3 个月时间里，医疗队做了大量的诊治工作。此外，还包括一系列改善公共卫生的举措，例如对疫区水井、浴室、公厕的卫生改造。此外，医疗队的任务还包括向军队宣讲流行病的防治知识，以预防流行病在军队中大规模暴发。

对于治病救人这种医生的天职，夏穗生所学得用，他自然而然地全身心投入其中。其实在进入同济大学医学院后期学习时，他就已经开始参与了中美医院的临床外科工作，那时新中国还没有成立，他也从来没有参加过这种大规模的外出医疗队活动，这种经历对于他来说是十分令他激动的，那种忘我而为国家的荣誉感油然而生。

1950 年 6 月，朝鲜战争爆发。1950 年 10 月，志愿军向鸭绿江挺进。12 月，上海的医务界成立了抗美援朝委员会，迅速组织手术大队赴前线支援。1951 年 1 月 25 日，第一批上海志愿医疗手术队离沪启程，奔赴中朝边境支援前线。

上海市抗美援朝志愿医疗手术总队第六大队全体队员出发前合影，二排右五为夏穗生，他于1951年8月赴长春

夏穗生所填抗美援朝手术医疗队人员登记表

能参加抗美援朝医疗队在当时是一项无上光荣的任务，成千上万的上海市民夹道欢送。夏穗生跟随抗美援朝医疗队支援前线时尚未结婚，由于不舍，在出发离别前，夏穗生与石秀湄专门去照相馆合影纪念。为了呼应时代，支持国家，在那张合影中，他们都特意戴上了军帽。

夏穗生所在的抗美援朝医疗队被安排进驻了长春军医大学（现为吉林大学白求恩医学部），医疗队并没有去前线，而是在后方救治伤员和培养医学人才。手术大队在长春的生活医疗条件与上海相比显得十分艰苦，最初难以适应是肯定的。当时吃的主要是高粱米，很少有蔬菜。入冬后的气候也令上海来的队员难以忍受。

但长春这些条件再艰苦也比真的上前线要好，医疗队至少可以在安定的环境中救治伤员，同时还可以帮助长春军医大学建立外科常规制度、查房制度、总住院医生制度，并开展骨科、腹部外科、胸外科等各种战伤需要的外科治疗，使长春军医大学的外科工作走上了正轨。当地医疗水平的提高，为前线提供了更坚实而持续的保障。

四　溯江而上

1952 年，全国性的大规模院系调整开始，全国四分之三的高校师生参加了这场运动，师生们服从调配，天南地北地行走。

同济大学医学院便是这其中的一分子。

为了响应国家支援湘、鄂、粤、桂、豫、赣六省（中南区）医疗卫生事业的号召，同济医学院及附属同济医院迁往湖北武汉，与武汉大学医学院合并后改名为中南同济医学院。1955 年 8 月，中南同济医学院更名为武汉医学院，其附属医院则改名为武汉医学院附属第二医院，当地人一般称为武医二院。同济大学并非只有医学院迁到了武汉，稍晚些时候，同济大学工学院的测量系也迁往了武汉，参与建设了后来的武汉测绘科技大学。

除了迁往武汉的院系，同济大学的文学院、法学院等调入复旦大学，工学院著名的机械系、电机系和造船系等并入上海交通大学，理学院生物系并入华东师范大学，数学、化学、物理等系并入复旦大学、华东化工学院等学校。

在院系调整中，调入同济大学的则有交通大学、复旦大学、圣约翰大

1954 年，上海同济医院外科全体人员迁汉前留影，一排右六为夏穗生

学等 11 所高校的土建系，同济大学就此成为全国最大的以建筑土木工程为主的工科大学。

实际上，早在 1950 年 2 月，政务院便已经做出了同济大学医学院及附属医院迁往武汉的决定，当年的 4 月 22 日便向同济大学传达了这一决定。当然，迁汉是一项巨大的工程，大量的前期工作必不可少。1953 年 5 月，武汉新址开始施工，1955 年 5 月竣工，耗时仅两年。医学院与医院完全建在一起，位于汉口解放大道，其标志性建筑为四翼飞机形的医院住院部大楼，这个颇具意义的新住院部大楼是由同济大学土木工程系设计的。

在迁汉这件事上，夏穗生是坚定不移的，根本不需要动员。

他心里只有一个想法，那就是要跟着大型教学医院走，同济大学去哪里他就去哪里，他的本事全是在同济大学学来的，他要以此成就更多。他要一边搞临床一边搞科研，这样才有发展，才有未来，才有真正的意义，

图为刚刚建成的武汉同济医院

那是一种探索未知的意义，一种难以被理解的科学的意义。

他根本不在意到底是在武汉还是在上海，生活条件如何。若一个人真正拥有了执着的精神追求，现实世界对他的影响其实是微乎其微的。

迁汉一事倒是让他的妻子十分痛苦，耿耿于怀。因为迁往武汉，她失去了自己在上海安稳的工作，不得不在重新培训学习后进入同济医院放射科工作，这是迁院时医院为家属提供的工作机会，但工资几乎减半。而迁汉后不久，同济医院医生的工资水平也下调了。

此外，石秀湄被迫离开了她的家乡与母亲，在上海，夏穗生与石秀湄的小家庭在生活方面大部分依靠岳母照料，因而十分便利。他们的两个孩子还年幼，最初迁往武汉时条件十分艰苦，孩子因为不方便带着，所以都暂时留在了上海。由于新到一处难以适应，更是异常思念孩子，夫妻俩时常发生争吵，这是他们恩爱一生的婚姻生活中少见的波折。

第四章
动荡时代

一　初到汉口

武汉是个神奇的存在，这个不南不北不东不西，充满了市井码头气息的地方，发生了中国近代史上最大的变革，从而宣告了延续千年的帝制的瓦解。

1955 年，当夏穗生与石秀湄来到武汉的时候，长江大桥还未建成，所以那时，武汉三镇还是分开的，没有陆地意义上的连接。从上海西行而来的轮船一般都停靠在汉口江汉关码头。汉口位于长江之北，与长江之南的武昌隔江相望。汉口以前是个通商口岸，也就是租界，主要有 5 个国家的租界：英租界、俄租界、法租界、德租界和日租界，其中只有英租界（建于 1861 年）是第二次鸦片战争的直接产物，其他租界均在中日甲午战争后成立。

虽然无法与上海相比，但汉口租界亦有相当的规模。租界一向是西方科学文化的传播之地，得风气之先。可以想见，敢为人先的风气绝不是凭空而来的，只有思想文化传播到了一定程度，才能酝酿出推翻帝制这种惊天地、泣鬼神的变革。民国时，三镇一体成型，1927 年国民政府临时迁往汉口时才取了"武汉"这个名字。

汉口是 1949 年 5 月 16 日解放的，武昌和汉阳则是在 17 日。1955 年 5 月 16 日，为了纪念武汉易帜 6 周年，汉口解放公园正式对市民开放，也正是此时，夏穗生一家搬到了武汉。武汉人没有不知道解放公园的，在那个匮乏娱乐活动的时代，夏穗生与石秀湄周末时，便时常带着两个孩子在那里游玩。解放公园离已经改名为"武医二院"的同济医院不远。

从上海搬迁至武汉后，夏穗生与石秀湄便一起住在医学院分配的房子里，406 号楼二楼四号，两间房，卫生间与厨房都有，大概 60 平方米。新

二十世纪五十年代建成的武汉医学院附属第二医院

中国成立初期，武医二院算是当时武汉的顶级医院了，但周围还是十分荒凉，就是从宿舍 406 号楼到医院的路上，野草都能长到腰那么高，一到下雨天更是泥泞难行。在把孩子接到武汉后，他们的生活才算渐渐走上正轨。由于夫妻两人全职上班，所以孩子们被安排到医院旁的全托幼儿园上学，只有周末才能回家跟父母团聚，但这已经比武汉和上海两地分隔要好太多了。

家务事事无巨细，全由石秀湄一人操办。举例来说，她丈夫的手从未碰过人民币，脚从未进过银行。他活在一个自己的世界里，而她虽然牢骚一堆，但心底却十分钦佩丈夫身上这种少见的心无旁骛与志存高远。当然，她的牢骚通常只是为崇拜做铺垫的，这种牢骚更像是一种拐弯抹角的浪漫与夸赞，比直截了当的崇拜多了一些情调。

就这样，只要生活稍微安定下来，夏穗生便可以全

夏穗生夫妇照

身心地投入工作和研究之中。据石秀湄回忆，每天晚上在家，夏穗生便是看书和写文章，没有任何嗜好，但偶尔也会陪她听听音乐，虽然他一度认为听音乐也是一种玩物丧志。她清晰地记得，他们当时购买了最时髦的东方红收音机放在家里，其性质与今天的电视机差不多。

夏穗生在迁汉时已经是主治医生，除了看病，他还有医学院讲师的任务。在临床上，夏穗生最初做得最多的是肛肠外科手术，这主要是因为痔是当时外科最常见的疾病之一。1956年，也就是在迁汉不久，他便写出了他最早期的论文《痔的治疗三〇七例报告》。这份报告集中分析总结了307例从1947年7月到1954年6月这7年中，上海同济医院（中美医院）所收治的痔患者的手术治疗情况，也算是对他在上海同济医院的工作的总结。

《痔的治疗三〇七例报告》一文发表在《中华外科杂志》1956年第四卷，第291—295页

由此可见，夏穗生在年轻时，便已经知道要不断从临床总结经验。1947年，他年仅23岁，还在医学院读书，尚未毕业，但已经在中美医院参加外科工作了，早在那时便已经完全可以看出他对待每一个病例的用心程度。

可惜生不逢时，能让他全心全意做学问的日子并不太多，他也是抓紧时间，能做多少是多少。搬到武汉后不久，轰轰烈烈的"双百"运动便开始了，旨在"百花齐放，百家争鸣"的运动非但没有带来言论自由的空间，反而引发了反右运动。

　　从头说来，新中国成立后，知识分子的改造早在 1951 年就开始了，在所有的领域中，西方的理论和学术必须向苏联转变，说白了，就是要摒弃西方自由主义思想，转而接受马克思列宁主义的改造。当然，任何时候，思想改造总是在艺术与人文学科中引发震动，自然科学中则相对宽松，一部分原因是自然科学深奥难懂，理论如天书，并非人人能懂，外行领导参与感不强。同时，自然科学又有着极其实用的功效，对社会主义建设是头等重要的，

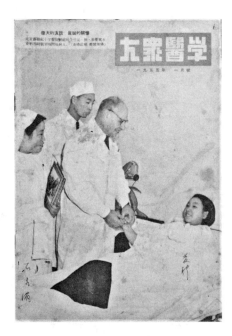

"伟大的友谊，真诚的关怀"，1955 年《大众医学》的封面倡导中苏友谊

因而自然科学所受到的压力较小。不同学科虽有松紧之分，但知识分子始终被看成一类人，并没有跨越阶级的不同，所以改造都是必须的。

　　到了 1954 年，又一次思想改造运动的矛头直指人文社科领域的俞平伯，因为他认为《红楼梦》是一本曹雪芹的自传而并非批判封建制度的著作，他成为批判对象则是因为他没有使用马克思列宁主义来诠释这部清代小说。这似乎与自然科学界关系不大，但很快，胡适就成了下一个被批判对象，因为在胡适看来，"科学研究是为了满足自己的兴趣，而不是为了祖国和人民的需要"。

　　这场思想改造运动在 1955 年批判胡风的运动中达到高潮。胡风认为，作家们应该按照自己的需要改造自己，而不用接受改造，从而引发了对胡风文艺思想展开的批判运动。这一次自然科学界也受到波及，自然科学家

以一种"事不关己"的态度看待"胡风事件",被认为是革命觉悟不高的表现。

到了1956年,学术自由度有所放开,因为三大改造即将完成,正是社会主义建设需要知识分子的时候。经过"胡风事件",知识界热情不够,就这样,"百花齐放,百家争鸣"的口号被提了出来。但"知无不言,言无不尽;言者无罪,闻者足戒;有则改之,无则加勉"这些话一出来,却立刻招致了各路批评。

于是,"双百运动"在1957年,变成了轰轰烈烈的反右运动。

"双百"和反右的时候,夏穗生并没有公开说过什么。原因也很简单,他很清楚自己的身份,地主出身的他肯定不是新时代的主人,连算不算得上"人民"都有待考察,况且他还有个国民党父亲,这些家庭成分都很容易让他成为任何政治运动的靶子,他还是老老实实低头做事为好,以钻研精进技术为主。

其实,夏穗生号称"绍兴师爷",出名的有头脑有见地,爱憎分明,正义感强,十分敢讲,甚至口无遮拦,以至于"鸣放"与反右期间,他的岳母万分担心,认定他会被打成右派而影响全家的前途。就在岳母万分悲观之时,夏穗生不但没事,反而成了当时的红人。他最终逃过一劫还是因为他技术过硬,他超高的外科手术天赋与不知疲倦的工作态度赢得了外科党支部书记的青睐。

通常来说,每个单位是有右派指标的,比例约为5%,按照当时的说法,这些人就是潜伏在人民群众中的"阶级敌人"。

只能说,技术过硬与领导的青睐使夏穗生避免了被划为右派。此外,1957年反右时,夏穗生还年轻,只有33岁,是一个普通的主治医生,而政治运动中的靶子多是在某个领域有较深资历与影响的人,整一个名不见经传的年轻人,政治运动达不到"革命性"的效果,但也不排除"右派"

中有一些年轻人。

事实上，夏穗生厌恶这些政治运动，一个放弃了一切嗜好、一心钻研医术的人肯定打心眼里觉得搞这些东西浪费时间且莫名其妙。从他发表的论文就可以看出，二十世纪五十年代中后期虽然运动不断，但他依然在普通外科领域做了大量的工作，且成绩傲人。他陆续发表了《肾部分切除手术》《末端大肠癌临床治疗中的几个问题》《老年人的外科手术治疗》等几篇论文，这些论文记录、分析和总结了大量他在二十世纪五十年代中后期所治疗的病例。

夏穗生的论文《肾部分切除手术》，1958 年发表于《武汉医学院学报》

其中最著名的一篇论文当属他 1958 年发表在《武汉医学院学报》上的《肝部分切除手术》。我国是肝癌高发的国家，特别是新中国成立初期，由于营养不良，患肝病需要手术治疗的人很多。而肝脏到底能不能切，能切掉多少，怎么切，都是经过了漫长的科学探索的。要知道，二十世纪五十年代初期，肝脏还是外科手术的禁区。

在二十世纪四五十年代，国外研究者已发现左右肝的功能完全相同，且肝脏切除 70%—80% 后，只要保留 20%—30% 的肝脏，肝脏便可以再生并恢复肝功能。在理论障碍扫清后，操作技术的困难主要在于肝脏血管丰富，有肝动脉、门静脉双重血供，而且肝脏组织非常脆弱，体积庞大，深居右横膈下不显露，一旦发生出血难以控制，所以止血是肝切除的关键所

夏穗生的论文《肝部分切除手术》，1958 年发表于《武汉医学院学报》

在。在肝脏血管分布、分叶、分段被透彻掌握后，遵循血管分布规律的肝切除才有了可能，这被称为典型性肝切除。国际上影响较大的成功的典型性肝切除被认为始于 1952 年。

在我国，夏穗生于 1957 年开始，施行了五次典型性肝切除手术，并在《肝部分切除手术》一文中详述了手术适应症与手术的方法和步骤，这被认为是我国肝外科治疗中用病肝切除术治疗肝病的开端。这篇具有标志性意义的论文发表时，夏穗生年仅 34 岁，算是在中国外科学界崭露头角了。此时，他的起步点离世界肝外科前沿科学家们并不太远，以他的心性，他想的绝不是跟他们看齐，而是超过他们。

二 "大跃进"与中国器官移植的狂想

那个时候，想搞点研究是很困难的。

同济医院迁汉后，运动一直没停过。1955 年"批胡风"；1956 年提出"百家争鸣，百花齐放"，让知识分子给党提意见；1957 年整风运动加反右运动；革命的浪潮在 1958 年的"大跃进"中达到了顶峰。

当然，要搞革命，革命教育是必须先行的。否则，这支医疗队伍对广大工农群众的理解肯定是不到位的。政治教育就是组织职工们学习毛泽东思想，树立辩证唯物主义世界观，反对唯心主义，讲政治与业务的关系，务必做到又红又专。在医疗上，要大搞技术革命，批判"三脱离"教育方向，贯彻中西医结合方针，等等。

运动与政治学习往往会占用大量时间，使人疲于应付，以至于荒废医生的正经事：临床与科研。据夏穗生的妻子回忆，夏穗生的一大优点在于心无旁骛，只要有一丁点时间，他永远都在看他的业务书籍。搞"鸣放"和反右的时候，由于出身问题与资历尚浅，他一直都十分低调，也没公开说过什么，只是低头工作、看书而已。同济医院1955年从上海迁汉时的员工数为220余人[1]（1957年人数有所增加），1957年被划定为"右派"的就有20多人[2]，这样看，比例相当之高。按后来"右派"家破人亡的悲惨遭遇来看，夏穗生当时真可谓逃过一劫。

从后来平反的情况看，我们知道当年所谓的"右派"往往都是一些敢于讲话的正直之士，那些逃过反右一劫的人，除了暗自庆幸外，心里其实都有一把尺子。知识分子不是是非不分、黑白不明的，不会对他人所受的不公与冤屈视而不见。经过这一次，他们更加谨慎了，"右派"的遭遇也实际上让他们对自己可能的未来有了心理准备。

1958年是个多事之秋。1958年春夏发动了"大跃进"与人民公社运动，其后果是很严重的。

从国家经济发展方面来看，"大跃进"是一种对第一个五年计划的反思。新中国成立后，第一个五年计划于1953年提出，实际执行要到1955年，1957年算是"一五"的结束，而第一个五年计划完全是模仿苏联发展策略的体现。苏联发展模式是计划体制，首先发展重工业，其中冶金工业

---

[1]　数据引自《同济医院志 1900—1990》，1991年9月编，第19页。
[2]　数据引自《同济医院志 1900—1990》，1991年9月编，第25页。

得到最优先的考虑，农村则作为被牺牲的一方。中国的情况跟苏联不太一样，中国共产党从农村起家，这与苏共的城市工人阶级性质完全不同，中共的党员绝大多数来自农村，这就使得中共绝对不会像苏共那样为了城市工业而放弃农村的发展。

当第一个五年计划期间重工业迅速发展后，农业基础这一薄弱的环节遭到了威胁，社会经济的发展遇到了明显的瓶颈。

如果以这种角度来看，"大跃进"是一次为了克服困难、旨在实现工农业并举的群众运动，全社会只专注于两件事：炼钢和产粮，一工一农。最耳熟能详的口号是"鼓足干劲，力争上游，多快好省地建设社会主义"。

什么性质的事物才能被称为"跃进"或者"大跃进"呢？以笔者的理解，遵循普遍经济规律、按部就班的发展肯定不是"跃进"。所谓"跃进"，必然要拥有某种内心强烈的动机与意愿，使事物的发展获得"质的飞跃"，而那种"内心强烈的动机与意愿"也很容易理解，这是一个近代以来一直落后的民族对恢复往日尊严的渴望，虽然此种心态可以理解，但急迫的心态往往使人走上冒进与功利之路，从而脱离对普世规律与个人才能的尊重。

虽然医生不是工农，没有直接炼钢产粮，但医学院和医院一样也要响应党的号召。

1958年，34岁的年轻外科医生夏穗生为了响应"大跃进"的号召，开始追求医术上的"跃进"，正所谓"人有多少胆，狗有多少肝"。正是在这种情势下，1958年9月10日，夏穗生将一只狗的肝脏取下，移植在了另一只狗的右下腹。

这一奇思妙想或奇思狂想正是我国最早的肝移植尝试，这种手术被称为"狗的同种异位肝移植手术"，所谓的同种便是狗与狗之间的肝移植。

异位移植则是指不切除原有的肝脏，而是将取来的肝脏植入受体狗腹腔内另一位置上，因为不涉及切除原有肝脏，手术程序大大简化，但受体狗的腹腔内有两个肝脏一样会出现各种问题。

在国际上，Dr. C Stuart Welch（1909—1980 年）于 1955 年，也就是三年之前，首次施行了狗的异位肝移植术。当时，我国尚处于封闭状态，对国外器官移植方面的资料知之甚少，国内尚无其他医疗机构和外科医师听过肝移植手术。夏穗生的长处在于他的敏锐超前，向来关注国际医学发展的最前沿，如饥似渴地阅读外国文献。

由此可见，夏穗生的这一次移植实验虽然是在"大跃进"的背景下进行的，但其肝移植的思路绝非"大跃进"似的凭激情异想，而更像是他基于医学实践的理性求索。一方面，夏穗生擅长腹部外科手术，特别是他的肝脏切除术极为出色，在治疗肝癌的手术中，病患的肝脏被切完了怎么办呢？肝移植是这种病人唯一的希望，也是肝外科进一步前进的希望。而另一方面，国外的先例也给了他启发。

1958 年的第一次肝移植动物实验更像是他在那个特殊年代，将国际上刚刚出现的肝移植概念引入中国，为中国医学打开了一条肝移植的道路。说这是为响应"大跃进"的号召也好，为超英赶美也好，为救人性命也好，为祖国的医学事业也好，以笔者的眼光看，这其实就是一个医生在为治疗肝脏疾病进行探索，其动力就是一个科学家学无止境的进取精神。那些高大上的说法根本空洞无力，反而是把纯粹的科学精神复杂化了。

夏穗生进行的第一次狗异位肝移植的时间相当早，同年（1958 年），国际上由 Francis Daniels Moore（1913—2001 年）实施了第一次狗的原位肝移植实验。而第一次临床原位肝移植则出现在 1963 年的美国，由著名的美国外科医生 Thomas Earl Starzl（1926—2017 年）实施。

可惜的是，夏穗生的肝移植探索在 1958 年第一次狗异位肝移植的尝

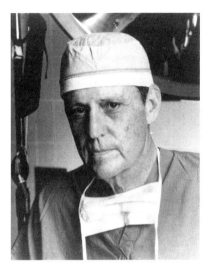

Dr. Thomas Earl Starzl

试后便戛然而止了，恢复探索实验，是在 15 年之后了。

虽然这只历史性的"移植狗"在手术后只存活了 10 余个小时，未能清醒，但在夏穗生的眼中，首例肝移植动物实验是成功的，当时夏穗生激动地带着整个团队冲到党委书记那里去报喜，移植狗居然没有马上死去，但不管怎样，这也是一种"医学的'跃进'""器官移植的序幕"。

如果一只狗真的可以带着另一只狗的肝脏存活 10 个小时，那么一个人带着另一个人的肝脏存活 10 天的目标便指日可待了。

三　把心交给党

（一）送瘟神

1958 年 1 月，中共中央发起爱国卫生运动，其核心内容是除"四害"，所谓的"四害"，是指老鼠、麻雀、苍蝇和蚊子。这次爱国卫生运动是"大跃进"的一部分，各省市纷纷表示要在极短的时间内完成"四无"。后经科学家们的长期申诉，麻雀终于在 1960 年的时候被从"四害"名单中除名，代之以臭虫。但大量麻雀在这次运动中死亡，甚至在某些地方绝了踪迹。

为了响应号召，1958 年至 1961 年间，当时的武医二院组织医生们"走出大门、下乡下厂、支援工农、除害灭病"。走出大门的意思是医生们不要再待在城市里了，城市里都是官僚老爷们，不是服务对象；下乡下厂、支援工农就是服务工农；除害灭病就是除"四害"，消灭大范围的流行病。

上面所说的大范围流行病，是指长江沿岸广泛流行且严重威胁身体健康的血吸虫病。此疾病的传播途径为接触到含寄生虫的水源，在小孩身上最为常见，因为他们有较高的概率在戏水过程中接触到受污染的水源。其他的高危人群包括农夫、渔夫以及日常水源受污染者。血吸虫病感染后症状复杂多样，而慢性血吸虫病常无过度症状，成因为疫区居民自幼与河水接触，小量反复感染。慢性感染者消瘦、贫血、乏力、劳动力减退，而到末期会出现肝脾肿大、腹部膨隆似青蛙腹，病程长者可达十至二十年，最终只能以手术治疗。

针对这一情况，新中国成立初期就有大规模的消灭血吸虫病的运动，1956年2月27日，毛泽东在最高国务会议上号召"全党动员，全民动员，消灭血吸虫病"。1958年6月30日，《人民日报》报道江西省余江县已经成功消灭了血吸虫病。

二十世纪五十年代末和六十年代初下乡巡回医疗期间，武医二院外科多次组成专门的血吸虫手术医疗队，去枝江、阳新、汉阳、汉南等重疫区开展手术治疗。夏穗生便是其中的一员。因为江浙地区亦是疫区，所以在医院尚未迁汉时，夏穗生便累积了大量治疗血吸虫病的经验。

晚期血吸虫病会引起一种门静脉高压症，夏穗生在门静脉高压症的外科治疗上做出了重要贡献。他首次在公社、区级卫生院施行了脾肾分流术，脾肾静脉分流术尤具特色，其术式的独创性，在国内有较大影响。[1]后来，他又根据常年治疗血吸虫病的病例，发表了论文《分流手术治疗门

① 参考《同济医院志1900—1990》，1991年9月编，第71、72页。

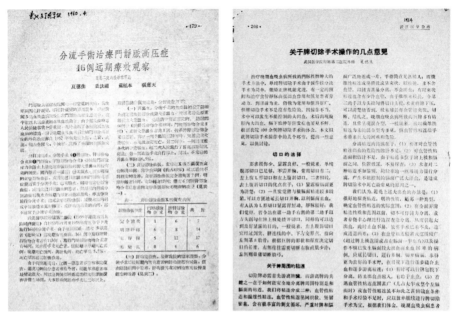

夏穗生的论文《分流手术治疗门静脉高压症 46 例远期疗效观察》，1960 年发表于《武汉医学院学报》

夏穗生的论文《关于脾切除手术操作的几点意见》，1964 年发表于《武汉医学杂志》

静脉高压症 46 例远期疗效观察》。

除了脾肾静脉分流术治疗晚期血吸虫病外，脾切除术亦是治疗晚期血吸虫病所致的门静脉性脾肿大的方法，夏穗生亦积累了大量脾切除的经验，为后来的脾脏移植打下了基础。

（二）把心交给党

知识分子到底属于什么阶级？这个问题恐怕是强调阶级斗争时最棘手的问题之一。无论如何搞群众运动，社会方方面面的实质性的创新、发展与进步依赖的都是知识分子。知识分子到底属不属于人民群众很难讲，从肉体层面应该算是，但从精神层面来讲，知识分子最宝贵的东西在于精神独立，既然独立，那么意思就是自己属于自己，肯定不属于群众。

新政权是一个工农政权，走的是农村包围城市的群众路线，对城市缺乏经验，而新中国成立前，知识分子基本属于城市精英，属于严重脱离群众的典型，所以常常被冠以"资产阶级知识分子"的头衔。因此，知识分子的思想改造从新中国成立初期就开始了："团结他们，争取他们，用马克思列宁主义和毛泽东思想去教育他们，改造他们，使他们从旧的椅子上把屁股移到无产阶级方面来，确立实事求是、为人民服务的人生观，协助新中国建设"。

在进行了一段时期的思想改造后，1956年，周恩来总理宣布绝大部分知识分子已经是工人阶级的一部分了，但1957年情况又急转直下，到1958年"大跃进"时，要求知识分子也要来一场立场上和思想上的"大跃进"。

在向党"交心"这一问题上，自然科学通常要比人文社科容易一些，自然科学在近代西学东渐传入我国之时，便处于"长技"的地位，是"用"而不是"体"，所以地位不高，"交心"就是表忠心，表明一定会为党所用，且用在党需要的领域就可以了。

夏穗生显然是交心做得比较好的，他超强的业务能力获得了外科党支部书记的青睐，无论是之前的肛肠外科手术、肝切除、肾切除，还是门静脉高压症手术，抑或是"大跃进"中的首例肝移植动物实验，都是极其出色的，既发展了医术，又响应了党的号召，还替广大农民群众送走了一波血吸虫瘟神。

由于技术过硬，且工作中表现突出，夏穗生于1959年被批准加入了中国共产党。能够入党，在当时，特别是对夏穗生这种旧社会地主出身的知识分子来说，算得上无上的光荣与进步。至少，成为中共党员肯定是被新社会接纳与思想改造成功的表现。夏穗生的一大特点便是目光长远，永远追求进步，凡事一定要走在最前面，这正是党在医药卫生领域需要的先进典型。

图为夏穗生手写的入党材料。其中不仅包含了他的简历，亦包括家庭成员的简历，以及他的思想改造过程

（三）三年困难时期

夏穗生一家还算幸运，算是城市人口，可以吃上口粮。三年困难时期，夏穗生在医院是主治医师和医学院讲师，供给有保证。

以夏穗生当时的级别，他们在医院食堂常吃的是一种黑白色的杂粮花卷，杂粮是黑色的，夹在白面层之间。夏穗生夫妻二人食量都小，常常会省下一点接济他们科室里吃不饱的同事。

无论是吃着杂粮花卷，还是下乡接受贫下中农再教育，可以肯定的是，在吃饭都有问题的艰难时刻，夏穗生一刻都没有放下手上的书。如果我们想尝试去了解经历过那个年代的科学家，无论他们做出了什么成绩，我们最需要了解的都是这些成绩是在怎样的环境下做出来的。

四 纯粹的科学精神

全国性大饥荒在 1962 年的"七千人大会"后有所缓和，一些经济上"左"的趋势得以纠正。

当时，在国家封闭与物资极度匮乏的情况下，人们的思想与社会风尚都很朴素，工业和农业都在慢慢恢复，至少可以吃饱饭了。一种饥荒过后克服一切困难的振奋与奉献精神开始出现。

许多时代楷模都无疑能反映出这种时代精神与理想，典型的例子便是铁人王进喜、雷锋、焦裕禄，等等。只有理解了这种时代精神，才能理解为什么在那个年代里出现了我国"科学的春天"。1964 年 10 月 16 日，我国第一颗原子弹爆炸成功。那些穿着世上最土的衣服、梳着最土的发型的人，沉醉在巨大的狂喜里，那种笑容是如此天真质朴、震撼人心，相信任何一个看过那种笑容的中国人都会情不自禁地流下眼泪。

可能也只有这种物质匮乏下的精神力量才能解释二十世纪六十年代中国所取得的科学成就了。夏穗生就是那个春天的亲历者，千万个科学工作者之一，他到底是被时代的潮流鼓舞，还是被他自身的科学精神鼓舞，又或者两者皆有，现已经无从判断了，可以肯定的是，他没有停下探索的脚步。

1962 年前后，武医二院贯彻"调整、巩固、充实、提高"的方针，执行了《教育部直属高等院校暂行工作条例》及卫生部《关于改进医院工作若干问题的意见》，明确提出"以医疗为主，提高医院各项工作的基本质量"，"文革"前的二十世纪六十年代，医院实际进入了一个发展期。

虽然时有下乡巡回医疗，但只要夏穗生稍有些稳定的时间，不管条件多艰苦，他就一定能做出一些成绩。他除了日常的医疗与教学工作，还在1960 年至 1965 年间共发表了 12 篇专业论文。由于出色的工作科研表现，

夏穗生的论文《肝切除手术操作的若干改进》

夏穗生在 1962 年被晋升为副教授，那时他年仅 38 岁，是武医二院最年轻的副教授。

夏穗生这一时期的论文大部分都是有关肝外科的。在 1958 年发表了《肝部分切除手术》之后，夏穗生便一直专注于肝外科，并着力改进肝切除手术，陆续发表了《肝切除手术操作的若干改进》等文章以完善肝切除术。

整个肝外科发展史就是一部跟大出血做斗争的历史，所以止血是肝外

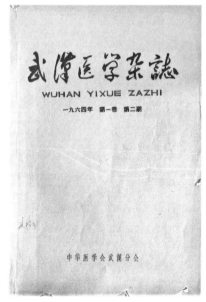

夏穗生的论文《肝门外科解剖》发表于《武汉医学杂志》1964 年第一卷第二期

科手术成功的关键。肝切除手术要求在肝门而不是在肝内处理肝的血管和胆道，因此肝门解剖对肝外科的进展有重大意义。夏穗生从 1962 年开始做了 100 例新鲜尸体的肝门外科解剖并系统观察了结果，写出了《肝门外科解剖》一文，发表于 1964 年的《武汉医学杂志》上。正是这 100 例肝门解剖，为肝叶切除积累了极为可靠的经验与资料，无论是对肝门的解剖学研究，还是对手术方法和手术工具的改进，实际上都是在试图解决手术中出血的问题。

此外，夏穗生在这一时期内也没有停下对国际外科前沿的关注。他于 1964 年在《国外医学动态》上发表了《肝外科近展》一文。这篇标志性的论文从肝的外科解剖写起，介绍了二十世纪六十年代前半期国际肝外科研究的前沿动态，包括典型性肝切除、肝再生、肝外伤、肝内胆道出血、肝结石以及其他多种肝疾病，在这篇论文的最后一部分中，他介绍了国际肝移植动物实验与临床所取得的进展。他心里早已经十分清楚了，肝移植就是肝外科治疗的未来。

《肝外科近展》一文由于涉及国际肝外科方方面面的前沿动态——从解剖到各种肝疾病再到移植，所以可以看到他在这篇论文中旁征博引，参考的国外文献达到 105 篇，涉及

《肝外科近展》一文，是我国第一篇介绍肝移植的论文

德语与英文两种语言。这在今日看来也许不算什么，但在二十世纪六十年代，一个饥荒刚过，刚刚能填饱肚子的年代，要心无旁骛地去做这种科学研究真的需要一些崇尚理想的精神。

夏穗生的这篇文章正是我国第一篇介绍肝移植的论文。从他介绍的情况来看，至少在 1964 年这个时间节点上来看，国际上的肝移植也才刚刚起步，在对狗进行的实验中，全肝切除后的移植狗最长能存活 20.5 天，而死亡原因属免疫学拒受。在临床上，1963 年，也就是在此文章发表的前一年，国际上实施了 3 例肝移植。第一例于手术时死亡，第二例与第三例分别存活 22 天和 7.2 天，除了一些初步经验与死亡原因分析外，并没有任何手术的具体步骤。但就算没有手术步骤，也使他清楚地明白了移植就是外科发展的未来，应该马上着手自行研究了。

为了更好地指导腹部外科和器官移植，1965 年，国家科学技术委员会（1998 年更名为科学技术部）批准成立了腹部外科研究室，主要从事肝胆外科的研究，继而开展器官移植的实验研究，当年的这个"腹部外科研究室"正是后来"器官移植研究所"的前身。

他的面前是一片真正的、已经触手可及的"广阔天地"，正等着他去"大有作为"，可这一切都被即将到来的"文革"打断了。

五 "反动学术权威"（上）

本来在 1965 年，国家科学技术委员会（1998 年更名为科学技术部）已经批准成立了腹部外科研究室，正准备开始进一步开展肝胆外科与器官移植的研究。在国外文献的启发下，夏穗生当时正准备着手实施狗的原位肝移植实验，探索肝移植的手术模式，为人体肝移植进入临床做准备。

还没来得及大展身手，一切说变就变，一夜之间，武汉医学院与武医二院里，大字报铺天盖地而来。

回想起那一幕，石秀湄至今还心有余悸。一天夜里，她正在医院住院部放射科上夜班，无意间下楼走走的时候，铺天盖地的大字报映入了她的眼帘。墙上、通知栏上、广场上到处拉着绳子挂满了各式各样的大字报。

不幸的是，关于夏穗生的大字报特别多，后来她想多半是他的出身问题和他的业务突出、恃才傲物的原因。夏穗生在 1962 年已经成为副教授，由于出名的会开刀、会写论文、会讲课的"三会"而成为外科学上的"学术权威"。

大字报上面醒目地写着："打倒反动学术权威夏穗生""打倒资产阶级知识分子夏穗生""打倒地主阶级的孝子贤孙夏穗生"。

当时几乎所有稍有"权威"的知识分子、教授都成了被打倒的对象。唯成分论、血统论也开始盛行。中共在理论上其实是反对唯成分论、唯出身论的，例如"出身无法选择，道路可以选择"。一旦开始大搞阶级斗争，分清阶级、分清敌友、分清革命和反革命就是重中之重了。所以，二十世纪六十年代后，社会上其实是盛行出身论的，也基于此，事实上一辈子没怎么回过乡下老家的夏穗生还是逃不过地主出身这个原罪。不仅如此，子女也因为这一出身而备受歧视，在人前抬不起头来。

石秀湄回到科室里值班，害怕得一夜没睡。第二天，她低头走回家里，打倒她丈夫的大字报从医院到家属区 406 号楼贴了一路，她看得胆战心惊，回到家中，夏穗生神色还算正常，只是跟她说了句："我这一生完了。"

夏穗生在家极少表达自己的情感与想法，石秀湄也只能安慰他，不是你一个人有大字报，这么多人都有大字报，事情会过去的，不用害怕。那段时间他的话更少了，甚至一度根本不讲话。据石秀湄回忆，最开始时，无论他白天受了多大的批判，晚上回到家里他都能照常看书，对自己受的批判一言不发。

1966 年 8 月，声势浩大的"破四旧"运动开始。

夏穗生当时住在武汉医学院家属区 406 号楼 2004 号，总共两间房，最多 60 平方米，夫妻二人再加两个孩子，一个 13 岁一个 12 岁。四个人要生活，这么点地方根本不可能有多少东西，就是这样，还是被红卫兵们抄走了大量的私人物品。据石秀湄回忆，几次抄家中被抄走的东西有唱片、留声机、德国品牌的电风扇、手镯、雪花膏、打字机、旗袍、西装、书籍等。

书籍是重点查抄对象，任何"资"或"封"的书籍都会被查收。但什么样的书籍是"资、封"书籍，这个标准太宽泛了，红卫兵们文化水平有限，外科学学术权威的书，他们看不懂，反正抄得一团乱就是了。几次抄家之后，夏穗生遗留下来的书，1949 年之前的一概没有了。

除了医学专业书籍、杂志和字典外，夏穗生的书柜几乎不留存任何其他种类的书籍，即使有一些，也是二十世纪八十年代后购买的新书，没有任何早期的书了。

揪斗"反动学术权威的时候"，夏穗生的家一共被抄了 3 次，稍微值点钱的东西都被抄走了。庆幸的是，他那些类似天书的医学专业书籍，红卫兵们看不懂，也抄不出什么惊人发现，只能作罢。对于抄家，夏穗生也是见怪不怪了，每次被抄完家，家里都是一片狼藉，到了晚上他还是淡定地捡起书，该看什么继续看什么。

六 "反动学术权威"（下）

夏穗生当时是个业务极为拔尖的副教授，42 岁，在权威里算是相当年轻的。在他之上还有很多年纪相当大的各科医学权威，所以就算他在台上遭受群众批判，他也还能站在后面，不是那种最大的、最老资格、最显眼的运动靶子。

批斗大会完了之后通常接着就是批斗游街，每次批斗游街回家，夏穗生也是不发一言，除了皮鞋把脚后跟磨得都是血外，家人也没看出他身上有什么异常，到了晚上他该看什么书、该研究什么还是照常。

工宣队、军宣队进驻医学院与医院期间，夏穗生又一度被剥夺了当医生的资格。"文革"期间，由于是反动学术权威，他时常被剥夺在门诊看病的权利，转而进行劳动改造和政治学习。给他布置的任务通常是在门诊叫号、生炉子、拖煤、扫地、扫厕所之类。虽然工人阶级领导一切，但患者的眼睛是雪亮的，患者只能偷偷到厕所里找夏穗生看病。

就在这样前所未有的历史洪流中，批斗、游街、拖地、扫厕所、生炉子、煮饭，夏穗生可能也思考过，一个知识分子该如何自处？如何在身不由己的时代成为自己？夏穗生没有抗争过，他所做的，只是不与时代为伍，对世态炎凉、宠辱毁誉轻蔑一笑，低头看书而已，可能书中有他追求的科学理想，而正是那些科学理想帮助他熬过了那个时期。

七　艰难度日

1950 年 6 月，《土地改革法》颁布，废除"封建剥削土地所有制"，没收地主的财产和农具，分配给无地的农民。农村的人口被分成五类：地主、富农、中农、贫农、雇农。

夏穗生的父亲夏福田在这场运动中被划为地主，夏家自清代继承而来的土地与祖宅全部被充了公。

一般来讲，未经大规模改造的中国传统农村，地主的土地主要源自祖

上虞《桂林夏氏宗谱》载有夏召棠、夏庚陛、夏福田祖孙三代，夏福田为上虞《桂林夏氏宗谱》所载最后一代

传。这种祖传的地主家庭一般都是士绅阶层，在儒家传统文化的熏陶下，倡导"耕读"，这一点在文化繁荣的江南地区更为明显，其子弟多念"四书""五经"，视科举考取功名、光宗耀祖为一般性世俗目标。另一些地主则包括在外做官回乡置地者，在外经商回乡置地者，或勤劳能干节俭置地者。

夏家在余姚韩夏村的上千亩土地，是由夏福田的祖父夏召棠经商所得，夏召棠晚清时期在上海经营钱庄致富而在家乡购置土地传于后人。夏

图为夏家祖宅侧面的埠头与小河，由于祖宅已拆，所剩的埠头与小河便是夏穗生记忆中家乡的样子了

召棠便是余姚韩夏村典型的乡绅，他种种惠及乡土的善举详载于上虞《桂林夏氏宗谱》。

由于晚清时期社会在由传统向现代转型，科举制度被废除，考取功名的向上之路已不可能，所以夏召棠的孙辈夏福田已经完全接受西式现代教育，转到上海寻求职业发展，而非固守土地靠租金生活。他从上海英华书馆（Anglo—Chinese School）毕业后，由于英文成绩突出，便被推荐进入了当时的沪宁铁路局工作。国民政府时期，英资撤走，沪宁铁路收归国有，1937 年抗日战争全面爆发后，夏福田随国民政府撤往了西南大后方，一直到 1945 年抗战胜利后才返回上海与家人团聚。

1945 年 11 月，国民政府行政院善后救济总署上海储运局成立，在上海中山东一路 31 号（今上海外滩半岛酒店）对外办公，夏福田便一直在这个单位担任要职。联合国善后救济总署（United Nations Relief and Rehabilitation Administration）是一个美国倡导的二战后成立的临时救助机构，该机构到 1947 年底停止了为期 3 年的战后救济工作。

1948 年 1 月，国民政府成立交通部上海材料储运总处，依然在中山东一路 31 号办公，夏福田便在那里一直工作到上海解放。上海解放时，夏福田任该机构的人事处长，年 45 岁。

上海解放后，原国民政府交通部上海材料储运总处被上海军事管制委员会接管，由于是运输与物资的关键机构，夏福田作为人事处长被免职监管。夏福田的儿媳妇石秀湄，正是由夏福田介绍，也在此单位的张华浜码头仓库工作，由于年轻且为基层职员，她未被免职，得以留用。

到 1950 年土改时，夏家被划为地主，夏福田被定为地主分子，就地管制 3 年。夏福田由于长期在上海工作，在土改之前也经历过单位接管与免职监管，所以他更清楚形势，积极主动、十分配合地交出了夏家全部的地契、房产，与妻子陈琳贞一同租住在自家祖宅边的一间 20 平方米的小屋中。

据余姚韩夏村村民回忆[1]，夏家几代地主乡绅，待村里人都很友善，没做过欺穷凌弱的事，村里人也没谁说夏家人坏的。夏家有1000多亩田地，雇了不少的种田人和佣人，都按额分给他们粮食和工钱。夏家到夏福田这一代已经完全城市化了，大部分依靠单位工资生活，土地收入并非不可或缺的经济来源。夏福田常年在上海学习和工作，抗日战争中内迁历时整整8年，他实际上与乡村接触有限。

在余姚韩夏村监管期满后，夏福田夫妇二人回到上海与夏穗生同住。不久，1955年，夏穗生夫妻二人随上海同济医院内迁武汉。夏福田与妻子

2019年夏福田的儿媳石秀湄返回余姚韩夏村。乡亲们对她和她对乡亲们说的最多的一句话便是："夏福田是个好人啊！"

---

[1] 韩夏村村民回忆源自公众号 鲁旭安：《中国巨星夏穗生出生在余姚一个怎样的殷实之家？独家发布！》，2019-05-08。

又在上海住了一段时间，然后搬去武汉医学院与夏穗生同住。

二十世纪五十年代末到六十年代初时，夏福田曾在武汉医学院居委会位于 607 栋的洗衣店工作过一段时间，至今还有医生记得他的行事作风。据知情人回忆①，夏福田和颜悦色，话不多，待人好，在洗衣店管收衣和发衣。收衣时写好号码固定在衣领部位，发衣时则把洗好烫平整的衣物叠得整齐划一，发出的衣服上的标签从上到下在一条直线上，每一档均是如此。

要是能这样一直在武汉住下去也好，但三年困难时期后，到了 1961 年、1962 年，由于"大跃进"与人民公社引发的巨大经济困难，中央已经出现了路线的分歧，就这样，便开始重提、不断强调阶级斗争了。一旦放弃以经济建设为中心，转而以阶级斗争为纲，夏福田这种被打为地主的人，日子便不好过了。在这种情势下，医院当时的领导便找到夏穗生谈话，当时的政策已经不允许地主分子住在医院了。

到二十世纪六十年代初，夏福田与妻子陈琳贞离开武汉返回余姚韩夏村，而这一别就成了夏穗生与母亲的永别。

回到余姚韩夏村后，夏福田夫妇租住在离故居不远的一间 20 平方米左右的小屋中。夏福田因不会干重体力的农活，只能在生产队里管管晒场、看看仓库。唯一欣慰的是此时他们的三个子女都已经参加工作，每月都寄来生活费供养他们。

"文革"开始后，夏福田夫妇的日子就更不好过了。夏福田被扣上了两顶帽子，一个是"地主"，这是他的出身问题；另一个是"军统特务"，这是他的工作方面的问题。

夏福田被打成"军统特务"的主要原因是他曾长期在国民政府的机关

---

① 相关回忆源自同济医院辜祖谦教授。

里工作。抗战胜利后，国民政府接受了大量美国援助，而夏福田由于其出色的英文水平，在上海储运局长期负责跟美国人打交道，运输救济物资，而后来又负责上海储运局关键的人事工作。正是这样的工作原因，夏福田曾经被蒋介石接见过，这成为夏福田被划为"军统特务"的源头所在。

"文革"开始后，夏福田夫妇遭到迫害，审查、关押、批斗，受尽屈辱和折磨。

1967年初，夏福田由于"军统特务"问题被带到上海原单位审查。陈琳贞一个人留在了韩夏村。据韩夏村当地村民回忆，夏福田的妻子陈琳贞是上虞嫁过来的，她是思想很新派的女性，那个年代的妇女都是裹脚的，而她不但没有裹脚，而且很有个性与思想，对村里人都很客气。她身体并不大好，患口眼干燥综合征，脸部常有浮肿。夏福田被隔离审查后，杳无音信，而她在当地除了要被批斗外，还要日夜担心丈夫在上海的安全。

当时，她作为一个地主婆、"军统特务"的妻子，肯定是没有什么人敢帮助她的。在这样的境况下，陈琳贞在租住的小屋里去世了。她去世后，几位好心的村民弄了一口棺材，在离村不远处，与上虞交界的海塘里挖了一个坑，把她埋在了那里，上面既没有土堡也没有墓碑。

等到夏福田从上海被放回来，他的妻子已经是活不见人、死不见尸。屋里既没有人，也没有遗像，有的只是荒野海塘传来的哭声。那片荒野海塘后来几经填高、削平，埋葬的位置更是永远也找不到了。夏穗生在有生之年曾两次（2004年、2011年）返回故乡寻找、打听母亲的尸骨，可怜他只找到了伤心和绝望，最后带了块祖宅残墙的砖头回了武汉，算是他对故乡的最后一丝念想。

就像没有人知道他母亲到底葬在哪里一样，也没有人知道他母亲到底是饿死的还是病死的。

陈琳贞离世后，夏福田因为悲痛与无法承受持续不断的审查、关押和批斗，选择了割脉自杀。夏福田自杀后，村里人抬着门板送夏福田去医院，幸亏抢救及时，才捡回了一条命。

夏福田晚年照片

1970 年，由于妻子已逝，夏福田缺乏生活自理能力，再加上反复审查、批斗也没有结果，他得以投亲到了位于余姚上塘村的他表兄弟的家里监视居住，这一住就将近 10 年。到 1979 年，夏福田终于摘掉了地主的帽子，他的女儿夏美君与女婿吴桂生将他接走，此后，他便一直与女儿女婿一起生活在北京，直到 1989 年离世。夏福田离世后，他的孙辈小心翼翼地将他的骨灰护送至成都他的小儿子夏健生处，葬于成都味江陵园。

据上塘村的亲戚回忆[1]，夏福田在上塘村监视居住的那 10 年里，话很少，很少提及自己的 3 个孩子，主要可能还是担心地主身份对孩子们事业前程的拖累，他的生活费用则是 3 个孩子与两个弟弟供给的。他每天常做的事情是读书看报，还曾经去海塘一带找他妻子的尸骨，最让旁人印象深刻的是他还保留着订阅英文杂志的习惯。据他的女婿吴桂生回忆，老人精通英语，在北京给亲朋好友翻译过东西，常看古典诗词，对格律也有研究。

---

① 王平松口述，王平松的父亲与夏福田是表兄弟，夏福田在上塘村的十年便是住在他的家里。

余姚上塘村夏福田的表兄弟家，1970年至1979年夏福田在此地监视居住

八 "双料特务"与知识青年

（一）"双料特务"

"军统特务"夏福田牵连甚广，连他远在武汉的儿媳石秀湄也没能逃过，不仅没有逃过，反而罪加一等，成了"双料特务"。"双料"指"中统"和"军统"国民党的两大情报特务机关。

1948年，石秀湄从上海新陆师范学校毕业后，就由夏福田介绍，进入交通部上海材料储运总处工作（该单位在新中国成立后属铁道部）。这时离上海解放已经不远了。上海刚解放时，石秀湄由于是基层员工，得以留用。过了几年，1955年，石秀湄放弃了这份工作，随夏穗生内迁武汉，作为上海来的随迁家属，她在医院的安排下，经学习培训后进入武医二院放射科工作。在这样的情况下，在 1968 年，石秀湄还是受到了牵连。

石秀湄第一次看到打倒自己的大字报贴满医院的时候一定是吓傻了。她又不是什么学术权威，也不关心政治，所有人都知道她是个一心一意照顾丈夫、培养子女的传统家庭妇女。说她是个"双料特务"，讲真，她连什么是"双料"都搞不清楚。再讲真一点，也没有几个人明白什么是"双料特务"。

1968 年，武汉的冬天特别冷，一天深夜一点多钟，所有人都睡下了，外面突然传来喊声："石秀湄！石秀湄！"之后便是猛烈的敲门声。一群人不容分说把石秀湄从家里带走审查去了。一家人当即被吓得目瞪口呆。夏穗生只是对孩子们说了句："你们妈妈这种人怎么可能是特务？"第二天，医院就贴满了关于揪出"双料特务石秀湄"的消息。

石秀湄被关押的地方在医学院大门口的宿舍楼，一关就是整整 100 天。有专人负责看管审问，让她交代"反革命罪行"。她没有被移送公安机关，而是由工宣队处理。

把一个家庭主妇当特务来审，很难有什么进展。但这种罪名对家庭的影响是极大的。石秀湄的丈夫反正已经是"反动学术权威"，也就没什么好说了，她的两个孩子成了特务子女，受到歧视与羞辱，见人都是绕道走。她的一众弟弟妹妹有的在军队工作，有的从事保密工作，鼓励她一定要坚持住。

据石秀湄自己后来回忆，在关押期间，有两件令她刻骨铭心的事情。一次，是她在看押人员的监视下去食堂打饭，途中遇到了自己的儿女，她连头都没敢抬起来看他们一眼，回去后大哭了一场。另一次，是她的丈夫夏穗生提着苹果到关押处看她，鼓励她让她坚持住，告诉她，事情总会过去的。

要知道，"文革"时期，因为组织要求离婚的比比皆是。1966年红卫兵开始抄家时，石秀湄就被要求跟"反动学术权威夏穗生"离婚，但她没有。如今，她的丈夫也没有选择跟她这个"双料特务"划清界限。都说"一日夫妻百日恩"，在那种情况下，不互相揭发、不划清界限，就是夫妻间最大的海誓山盟了。

（二）知识青年

夏穗生与石秀湄育有两个孩子，分别于1953年和1954年底出生于上海，稍大一点时才被父母接往武汉。"文革"开始时，姐姐夏丽天12岁，弟弟夏云11岁，刚刚完成了小学教育。

两个孩子出身不好，在强调阶级斗争的社会里，他们是"反动学术权威"和"双料特务"的孩子，歧视是少不了的，弟弟在学校还因为出身问题被同学打过。

姐姐刚上中学时，"文革"开始，她当时上的是武汉市六十九中，上课断断续续，经常参加批斗会。

1969年，姐姐15岁时刚好赶上了上山下乡的高潮。当时她被分配到血吸虫重点疫区，湖北省嘉鱼县簰洲镇的先进大队三小队。他们小队五女二男，下乡期间和农民同吃同住同劳动，学会了插秧、割麦、收谷子，能挑担走17里路、挑120斤泥巴上堤修坝。

由于不放心年仅15岁的女儿下乡，其间，夏穗生曾去嘉鱼县簰洲镇看过一次女儿。他从武汉乘船到嘉鱼县，再从嘉鱼县转到簰洲镇。到达簰洲镇时已是深夜，没有地方可去，只能在公共厕所里待了一夜。直到第二天早上，他才走到女儿下放干农活的地方。据夏丽天后来回忆，当时他戴着草帽，穿着雨鞋，十分狼狈，正在田里干农活的知青们一眼就认出了他。

晚上回家后，女知青们烧了几个菜，辣椒炒肉丝、西红柿炒鸡蛋，还有锅巴稀饭算是款待夏爸爸。其实知青们住的地方算不上家，她们住在牛棚里，人的隔壁就是牛，同一屋檐下还堆了一堆可以用作燃料的牛粪。夏穗生来看她们的那天正好下雨，牛棚本来是漏水的，知青们用塑料布铺在棚顶，才能勉强避雨住人。夏穗生在那里住了一个晚上，睡觉时，有老鼠在他身上爬过。第二天，他离开时去找了当地大队，提醒了他们瘟疫的隐患。

那之后，知青们才从牛棚搬进了仓库。这次经历令夏穗生父女终生难忘，他给包括他女儿在内的 5 名女知青取名"五朵金花"，并牢记她们的名字直到他生命最后的清醒时刻。

夏丽天在当地大队里做过几个月广播员，参加过公社文艺宣传队，1972 年被推荐成了工农兵学员，回了城，进入当时的湖北医学院医疗系学习，毕业后成了一名放射科医生。

比她小一岁的弟弟夏云则由于严重的肝功能疾病得以留在武汉上了高中，这种疾病在"文革"时期被称为"救人的疾病"，那时的高中实际是断断续续的，主要也是搞革命，学工学农。高中毕业前夕，部队来校招新兵，夏云因政审不合格未能参军，之后还是作为知青上山下乡去了。

知青下乡是有组织的政治运动，除了少数参军和病残者外，不管你自愿不自愿一律是必须要去的。夏云至今还记得他们下乡那天，武汉市是统一行动的，几百辆大卡车锣鼓喧天地把他们这届毕业生送往湖北各地农村。对于年轻人来说，下乡时的心情是既向往又害怕，向往的是"广阔天地，大有作为"，害怕的则是"理想与现实之间可能的差距"。

夏云最先和一组同学下放到了湖北安陆务农，也是插秧、割稻、挑稻捆。一年多后转到姐姐曾经的下放地湖北嘉鱼，期间做过赤脚医生。1976 年被推荐进入武汉医学院医疗系，毕业后成了一名内科医生。姐弟俩前后都有 3 年左右的下乡时间，后都得以顺利回城上大学，在知青中算是极其幸运的了。

（三）父亲

说夏穗生是个无比关爱、照顾孩子的父亲，显然是不真实的。道理很简单，一天只有 24 个小时，没有人是超人，除了吃饭睡觉，时间给了工作就不能给孩子，给了孩子就不能给工作。那些号称事业与家庭兼顾的人实际是不存在的，都是人类美好而淳朴的愿望罢了。

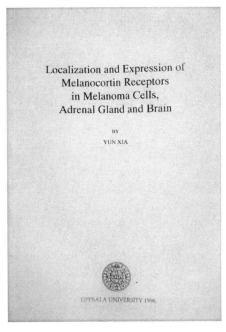

Localization and Expression of Melanocortin Receptors in Melanoma Cells, Adrenal Gland and Brain

BY

YUN XIA

UPPSALA UNIVERSITY 1996

夏云在瑞典乌普萨拉大学（Uppsala University）的博士毕业论文

相对来说，夏穗生对女儿更温和一些，对儿子则较为严厉。夏穗生非常看重孩子们的学业与事业。在女儿的学习与专业选择上，他都给予过极其明确的意见与指导。对儿子，他非常重视学术能力的培养，他书柜里的显眼处，一直保存着夏云的博士毕业论文。

九　农村巡回医疗队

1965 年，毛泽东主席提出"把医疗卫生工作的重点放到农村去"，这便是"六二六指示"。

为了响应毛主席的号召，卫生部开始大规模组织城市医疗队前往广大农村地区巡回医疗。巡回医疗，是"文革"期间夏穗生除了被批斗、劳动改造、政治学习之外最常做的事情。

武医二院共派出农村巡回医疗队41批，共计1442人，各批人数、时间不等，知名的教授几乎都有下乡巡回医疗的经验，而下乡巡回医疗的地点主要是武汉周边的县市，如江陵、阳新、新洲、麻城、黄陂、孝感、钟祥、洪湖、神农架，等等。巡回医疗队的工作内容主要是为广大农民诊治，送药上门，培训基层卫生人员和组织，进行以"两管、五改"（管水、管粪，改水井、改厕所、改畜圈、改炉灶、改造环境）为中心的爱国卫生运动。当时农村地区的两大卫生问题，一是血吸虫病的防治，二是计划生育相关手术，也是巡回医疗队的工作重心。①

武汉医学院腹部外科研究室

---

① 参见《同济医院志 1900—1990》，1991 年 9 月编，第 197 页。

直到 1972 年，1965 年就已经组建的武汉医学院腹部外科研究室，在时隔 7 年后，终于恢复了建制。

一切终于要回来了。

夏穗生吟诗感叹："人面不知何处去，桃花依旧笑春风。"

十 在阿尔及利亚的508天

"文革"中夏穗生的阿尔及利亚之行是一项颇具中国特色的政治任务。众所周知，派遣援外医疗队是我国同第三世界国家友谊与合作的重要渠道。

医疗队由于其救死扶伤的性质，总是能与当地人民建立起一种极其真挚的、同生共死的感情，这是一种能达到亲善与慈悲境界的外交方式。若忽略医疗队背后的深层次意义，任何医疗队本身所带给全世界的人道主义精神都是不容否定的。

中国的医疗外交事业便始于阿尔及利亚。阿尔及利亚是地中海南岸的北非阿拉伯国家，十九世纪三十年代时成为法属殖民地，直到 1962 年赢得独立。在独立当年，阿尔及利亚便通过国际红十字会向国际社会请求医疗援助。1963 年，中国向阿尔及利亚派出了 3 支医疗队，这便是中国最早的援外医疗队。从这之后，中国便向亚非拉国家派遣医疗队，其中对阿尔及利亚的医疗由湖北省对口支援。

援阿尔及利亚医疗队派出情况一览表

队别	批数	人数	在国外时间
第一队	一批	24	1963.4—1965.11
第二队	一批	34	1965.11—1968.9

队别	批数	人数	在国外时间
第三队	一批	62	1968.8—1971.4
第四队	一批	90	1971.4—1973.6
第五队	四批	164	1972.5—1976.5
第六队	三批	161	1974.7—1977.12
第七队	四批	172	1976.4—1979.12
第八队	四批	173	1978.5—1981.12
第九队	四批	210	1980.4—1983.12
第十队	四批	222	1982.6—1985.12
第十一队	四批	181	1984.7—1987.9
第十二队	五批	223	1986.3—1989.7
第十三队	五批	183	1988.1—1991.6
第十四队	五批	181	1989.11—1993.6
第十五队	三批	127	1991.12—1994.6
第十六队	一批	114	1993.11—1995.2
第十七队	一批	51	1997.8—1999.10
第十八队	三批	99	1999.12—2002.3
第十九队	七批	96	2001.8—2004.5
第二十队	二批	28	2003.9—2005.9

　　整个二十世纪七十年代是中国外交打开局面的时期，也是对外医疗援助数量的高速增长期，夏穗生便是在这一时期被派往阿尔及利亚的。由于湖北对口支援阿尔及利亚，作为湖北省最大的医院，武医二院自然是不能缺席的。从1963年开始，武医二院便陆续派遣医疗队支援阿尔及利亚。夏穗生是第六队第二批的，于1975年出发。夏穗生的批次较后，主要是因为援外医疗队是有严格政审的，出身不好或有海外关系的要往

后排。

夏穗生有记日记的习惯。但科学家的日记不同于文人的日记。如果说文人的日记主要用来记录心事与情感，那么夏穗生的日记更像是一种实验数据记录。他每天拿着日记本，不厌其烦地记录着时间和他所做的具体事项，从某种程度上可以这样说，他几乎把自己的人生过成了一组枯燥的实验数据。

按照日记的记录，夏穗生是在 1975 年 1 月 4 日晚上 8：45 乘坐 38 次列车离汉赴京的。为了更好地完成任务，从 1974 年底，他就已经开始学法语了。到达北京后，他住在卫生部的招待所。在北京的这 20 多天里，多是一些援外医疗队出行前的培训，例如日常法语、疫苗注射、制作服装、政治学习、座谈会、游览北京、集体照之类，当然，也有一些私人时间他可以去拜访他在北京的亲戚们。

1975 年的援阿医疗队于 1 月 29 日启程离开北京，经停卡拉奇和巴黎，于 1 月 30 日抵达阿尔及利亚的首都阿尔及尔。

1975 年 2 月 4 日，援阿医疗队到达了工作地点——阿尔及利亚北部的城市梅迪亚，并在 2 月 5 日进驻梅迪亚医院，2 月 7 日进驻病房。而 3 天之后，2 月 10 日，便是除夕。每逢佳节倍思亲，但医疗队的海外除夕来得太快，可能他们还忙着适应新环境来不及思亲。

夏穗生于 2 月 17 日正式在梅迪亚医院接班，任外科主管医师，主要有些医疗常规工作，例如值班、门诊、急诊、病房、术前术后处理，还有就是普通外科、骨科、血管外科和儿科的手术。手术种类繁多，包括肝破裂缝合、胆囊切除术、胆总管引流术、胃大部切除、阑尾切除、胃穿孔缝合、肠梗阻解除、肠造口术、肝囊肿切除、甲状腺部分切除、全胃切除、骨折复位、肿块切除、脑外伤抢救，等等，其中以胆囊切除最多。

1975 年夏穗生于阿尔
及利亚梅迪亚医院

除此之外，夏穗生在 1975 年 2 月 21 日还曾做过一次产生了一定轰动性的左下肢断肢再植术，这是阿尔及利亚第一例该类型的手术，这次手术成功了，患者在术后恢复了行走能力。作为两国友谊的象征，这次断肢再植术在当时影响很大，两国的卫生部长（于 3 月 10 日和 11 月 12 日）都曾看望过这位患者。断肢再植讨论会也在梅迪亚医院和杜也哈医院多次举行。

援阿医疗队的生活并不好，但当时绝对听不到公开的抱怨。援外期间最难过的是对家人的思念，没有休假，不能打电话，只能靠写信与家人联系。每次都是外交部信使送信，一个月一次。

医生们需要做手术，看门诊，还要值夜班，看急诊，做急诊手术，而且是和不熟悉的外国医生和护士合作，所有工作都很困难。每个组有个翻译，主要配合组长工作，看病用简单的法语问病史，很多患者不会讲法

夏穗生日记显示，他于 1975 年 1 月 29 日离开北京并于 1 月 30 日到达阿尔及尔　　　　夏穗生日记显示他于 1975 年 2 月 21 日进行了一次断肢再植术

语，只会说阿拉伯语，常常一言难尽。和巡回医疗下乡一样，看的都是些常见病。

援外医生的待遇是国内工资照发，每月发生活费相当于人民币 40 元。有师傅做饭，一日三餐集体吃饭，伙食很好，但没有猪肉，蛋白质来源靠牛奶、鸡蛋、鸡肉、牛羊肉等。

平时没有业余生活，也不能独自外出，外出至少要两人同行。伊斯兰国家电视节目少，图书馆只有法语资料，而且很少。每天晚上翻译把收音机拿出来听新闻联播，学习和讨论。

在这种状态下，夏穗生在阿尔及利亚期间，他的肺结核病曾经复发。抗战时期，由于营养不良，当时许多人都患有肺结核，夏穗生便是在那时落下的病根。据日记所载，1975 年 8 月 24 日，他第一次发病，症状有腹泻、全身酸痛，伴有发烧 37.8 度，持续了数日，诊断为肺结核复发。

发病后，夏穗生一直坚持在异国他乡边治疗边上班，在阿尔及利亚的梅迪亚医院、马斯卡医院、杜也哈医院都留下了他的工作记录。直到 1976 年 5 月 13 日，援阿医疗队队长宣布夏穗生回国治疗，他才于 19 日登上了返程的飞机，并在北京逗留数日后，于 27 日到达武汉。

在异国他乡旧病复发，夏穗生当然是归心似箭的。他家有贤妻，他的手上除了刀和笔，是十指不沾阳春水和人民币的，而远离家庭的

夏穗生日记显示他从 1975 年 8 月 24 日开始有持续性的发烧症状，并有每日体温记录

夏穗生在阿尔及利亚

他生活上难免不习惯。早在 1975 年 9 月 12 日的时候，也就是旧病复发约 20 天后，夏穗生开始在他的日记上一天天数日子，以示他的思乡心切。也许是卧床养病之时，他才有空数了数，这已经是他离开武汉的第 251 天了。之后，这种数字化记录一日不差，一直数到了第 508 天，也就是到家的前一天。

这种计量记录对比诗文缺乏浪漫与冲击力，但不失为情感的另一种科学化精确表达。

夏穗生 1975 年 9 月 12 日的日记，开始数离家的日子为 251 天

夏穗生 1976 年 1 月 31 日的日记，离家的日子为 372 天，为离家后的第二个春节

夏穗生 1976 年 5 月 26 日的日记，离家的日子共计 508 天，5 月 27 日回到家中

十一 从 130 只狗开始的中国肝移植之路

应天齐画作——《为十三只狗再画像》

困惑与怀疑是思考与智慧的开端，不断的困惑与不断的怀疑则是智慧成长、独立思考的体现。

按夏穗生 1972 年的日记来看，他上午有一些医疗业务的时间，但每周政治学习的频率依然很高。夏穗生的日记清楚地记录了武医二院在 1972 年 4 月 20 日，举办过一次颇有"文革"特色的忆苦思甜大会，被请来忆苦的是六厂和 3506 厂的工人师傅。

可以肯定的是，革命的狂热稍微降温，务实的事业便可以逐渐恢复。由武汉医学院腹部外科研究室撰写、落款为 1972 年 9 月 20 日的《关于开展腹部外科研究室工作的建议报告》①（下文简称《报告》）中明确写到了开展肝外科研究的计划。主要原因是当时肝病是我国的高发疾病，已经和肿瘤、心血管疾病并列为威胁国人健康的三大疾病之一。该报告还写有明确的肝移植课题，分动物实验与临床实施两个阶段，预期进度是 1972 年至 1976 年为动物实验阶段，1977 年至 1982 年为临床阶段。

---

① 《报告》由刘敦贵抄写，刘敦贵进入腹部外科研究室的第一天，夏穗生布置给他的任务就是抄写这份报告。

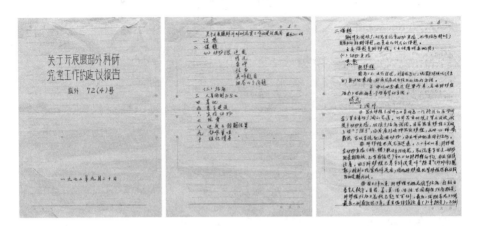

1972 年 9 月 20 日的《关于开展腹部外科研究室工作的建议报告》

夏穗生用于做实验的狗的照片

夏穗生的日记也多次记录了这份腹外研究计划的成型过程。在介绍肝移植课题情况时，这份《报告》十分详尽地描述了西方国家肝移植的进展。在这份《报告》之前，夏穗生参考了大量国外文献，他的日记亦清晰地记录了这一点。自 1972 年 4 月起，他的日记中便持续出现"看译文"或"译文"的字样。从 5 月开始，他的日记中便开始反复提到"订腹外计划"。

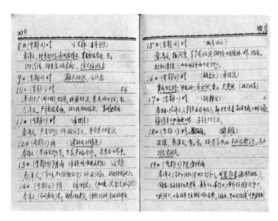

夏穗生 1972 年 4 月间的日记，其中反复提及看译文

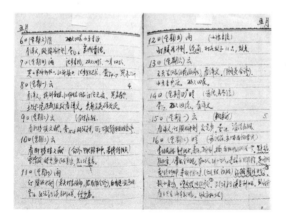

夏穗生 1972 年 5 月间的日记，其中反复提及看译文和"订腹外计划"

夏穗生自己在 1958 年"大跃进"的时候，就曾做过狗的异位肝移植实验，从那之后，他早已经明白肝移植是肝外科的未来，并在 1964 年的《国外医学动态》第 10 期上发表了《肝外科近展》一文，清晰地阐明了肝移植这一大趋势。就在中国把自己完全与世界潮流隔绝开来的时候，他也没有放弃关注西方国家器官移植的前沿动态。遗憾的是，"大跃进"之后，一波高过一波的革命浪潮，耽误了科学的进程，直到 1972 年肝移植的想法才得以付诸实践。

而这一晃 14 年过去了，他已经 48 岁了。

　　国外的肝移植动物实验也是在二十世纪五十年代才起步，并于六十年代在曲折中进步。到 1972 年，肝移植动物实验终于有机会在中国提上日程之时，国外已经有了存活时间长达 7 年的肝移植狗，而且当时仍活着。

　　世界肝移植先驱 Thomas Earl Starzl 在 1963 年 3 月 1 日时施行了全球第一例临床人体肝移植，接受肝移植的是一个被诊断为胆道闭锁的年仅 3 岁的小男孩，在肝移植走上临床之前，Thomas Earl Starzl 已经在狗身上做了 200 次肝移植手术了。但即便有着这样的经验，这个年仅 3 岁的小男孩还是在手术尚未完成时，便因为失血过多死在了手术台上。他的命运已经预示了肝移植注定是一条血泪铺就的道路，那些勇敢而坚定的先驱们都是从失败的血泊中走过来的，他们在面对世人最严厉的指责时也未曾动摇信念。

　　直到 1967 年，Thomas Earl Starzl 才获得了第一个长期存活的病例。那是个名叫 Julie Cherie Rodriguez（1966—1968 年）的仅 19 个月的小女孩。小女孩被诊断为肝癌，接受了肝移植手术。手术非常成功，不幸的是癌症在其他器官不断复发，也包括她的新肝脏。她在肝移植400 天后离世。她死后，Dr. Thomas Earl Starzl 一直把她的画像挂在自己的办公室里，并视她为人类勇气和进步的隐喻。

　　小女孩仅 400 天的新生确实鼓舞了世界外科学

Julie Cherie Rodriguez 的画像

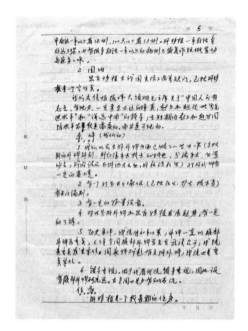

《关于开展腹部外科研究室工作的建议报告》手稿

界，当然也包括革命浪潮中的中国。到1972年，世界范围内的肝移植临床报告已经超过百例，存活时间最长的一例至1972年达到3年。

《报告》随即写道：器官移植在我国尚是缺门，包括肝移植是一个空白点。

改革开放之后，与世界接轨成了社会的共识，向世界学习并没有什么疑问，但是中国肝移植事业开始的时候，处在"文革"时期，科研工作面临着很多困难。

无论外部环境如何，总有一种人，他们总能远离人群，埋头冷静地做事。他们知道踏踏实实地学习、研究西方国家的科学成果，吸取经验，然后自己动手做出来。这种人是脚踏实地的爱国者，这种理性的爱国是真爱国。国家的每一点实质的进步都离不开这样的人的付出。

当然，1972年的那份《报告》也处处充满了那个时代的求生欲。例如，《报告》分析了当时肝病严重危害劳动人民的健康，幽默地称腹部外科研究工作是一个"突出而迫切的政治任务"。还称，"高大、精尖的科学研究和劳动人民的需要不是对立的，在一定条件下也是可以为人民服务的，肝移植也是为了医治劳动人民的常见病"。在分析了国内外器官移植的差距后，《报告》称：我们应该根据伟大领袖毛主席关于"中国人民有志气、有能力，一定要在不远的将来，赶上和超过世界先进水平"和"洋为中用"

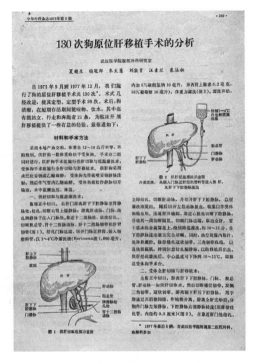

的教导，在短期内赶上和超过国际水平不仅是需要的，而且是可能的。

这些求生欲不仅呼应时代，而且有用，总之，在此之后，如火如荼的动物实验便开始了。

按照后来一篇总结性论文《130 次狗原位肝移植手术的分析》的说法来看，肝移植动物实验的时间长达 4 年零 3 个月，自 1973 年 9 月至 1977 年 12 月。[①] 由此可见，肝移植操作的复杂性极大，超过其他器官。长期而艰苦的动物实验正说明，中国的肝移植是接受了世界肝移植先例的启发，跟随了医学发展的潮流，在具体操作上，靠着自力更生的精神，一步一步从动物实验中摸索出来的。

《130 次狗原位肝移植手术的分析》一文

当年的武汉医学院腹部外科研究室是一栋三层的小楼，用的都是今日看起来极其简陋的设备，在长达 4 年多的时间里，在上千个绞尽脑汁的日日夜夜里，武汉医学院腹部外科研究室的肝移植组共做了 130 次狗的原位肝移植手术，而这正是中国系统性器官移植研究的开端。

武汉医学院腹部外科研究室肝移植组当年的成员讲述了那些创造历史的狗实验。肝移植手术前的准备工作就十分具有挑战性，每次肝移植实验

---

① 第一例狗实验开始于 1973 年 9 月 5 日。

武汉医学院腹部外科研究室

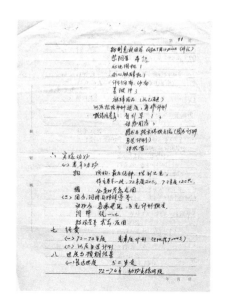

1972年的《报告》中显示，申请的实验用狗的数量1972年为20只，1973年为120只

需要4只狗，1只作为供体，1只作为受体，2只负责献血。当年的肝移植小组成员不仅得会饲养狗，还得会抓狗，所以他们常常以全副武装的动物园饲养员的形象出现。在实验前一天下午，他们需要像照顾病人一样地照顾狗，提前做好动物们的禁食工作，帮它们淋浴，还要保证它们的睡眠。

他们的实验手术设备也是一言难尽，其中最为"高端"的设备算是一个直径约70厘米的小型消毒锅，所有器械均靠它高压消毒处理。这个原始的小型消毒锅靠一盏煤油汽灯加热，其效率简直不敢想象。每到实验前一天，所有的手术器械都必须放入锅中，再通过打气口往里面打气，点燃煤油汽灯，锅中产生蒸汽升温升压，达到消毒灭菌的

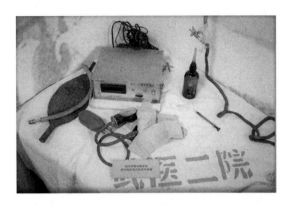

器官移植实验所使用的部分设备仪器

目的。那时不抓产品质量，他们经常会买到劣质煤油，煤油汽灯经常会被煤油中的渣滓堵塞，继而熄火。所以大家时刻保持警惕，一旦煤油汽灯熄火，马上排除障碍，重新点燃，继续加温消毒。原本只需要一个小时的消

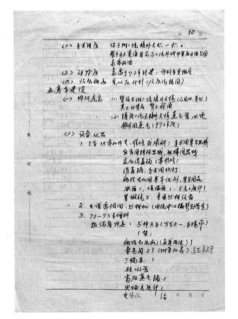
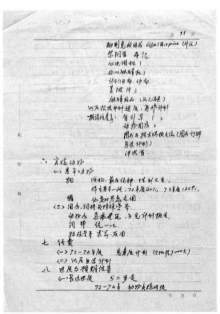

1972 年的《报告》中列出了手术实验需要用到的设备仪器

毒程序，由于一而再再而三地熄火，往往要延迟两三个小时，因为器械多而容器小，需要循环操作三轮才能完成所有器械的消毒工作，所以手术前的消毒几乎就需要一天的时间。

手术分两组进行，一组为供肝狗手术组，负责施行供肝切除与低温灌洗术，另一组为受体狗手术组，负责施行全肝切除与肝移植术。这个看似简单的程序耗时约 4 个小时，供肝组取肝，受体组切肝并实施肝移植。

手术中血管吻合的顺序与要点、术中术后生化、水电解质改变的规律与治疗、凝血机制紊乱的预防、术后免疫机制与免疫抑制剂的研究这一系列问题都是未知的，而这未知中包含了重重危机与突发状况。为了解决手术过程中出现的各式各样的问题，夏穗生和移植组进行了分解实验研究，具体如下：

（1）狗肝的解剖，需要弄清楚狗肝动脉、静脉、胆道的特征。

（2）供肝的切取、灌注、保存。

（3）受体肝的切除方法和注意点，主要是控制出血。

（4）门静脉体外转流的研究。

（5）血管吻合的顺序与要点。

（6）血管放开后心脏猝死的预防。

（7）凝血机制紊乱的预防。

（8）术中术后生化、水电解质改变的规律与治疗。

（9）术后免疫机制与免疫抑制剂的研究。

在手术中，第一大问题是出血。当时没有任何高科技的设备，不仅没有电刀、凝血刀、氩气刀、等离子刀，甚至连止血纱布和止血凝胶都没有。把实验狗的肝脏切下来后，创面出血常常止不住，实验最开始时的失败大多由此引起。而在科技不到位的情况下，这种问题解决不了，只能耐着性子仔细用细丝线一个点一个点地去结扎。丝线容易断，因而必须反复打结。每次手术，从开腹到手术结束，需要 300 至 400 个结扎打结才能将出血点止住。这是对耐心、体力、技术与专注力的巨大考验，如果依靠现代的止血工具，80% 的结扎是可以避免的。

经过一段时间的实验研究，夏穗生发现出血的原因有两个，一是供肝失活或功能极度不良，二是受体肝被切除后，无肝期凝血机制紊乱。为此，他们与医学院组织胚胎教研组和病理教研组合作发现，在常温下肝耐受缺血时间极短，仅 20 至 30 分钟就会发生不可逆的损害而失活。但如果将缺血的肝迅速以 4℃的保存液灌洗降温，就可以延长存活时间，一般可达到 4 小时左右。肝移植小组的经费显然不够购买进口的 4℃的保存液，因此只能参照国外的保存液的成分，与免疫教研组、同位素教研组协作，自行仿制。

受体肝的切除与移植是手术成功的关键，也是肝移植的核心技术，肝移植小组几乎花了两年的时间来探讨这一问题。例如，是先缝合门静脉还是肝脏下腔静脉？他们发现先缝合门静脉，可以尽快恢复门静脉循环，解决肠道瘀血的问题，并缩短无肝期，有利于肝功能的恢复。

面对手术中没有心电监护装置的问题，他们就将中心静脉压力表固定在输液架上，然后接上试管，进行人工监测。手术结束时，开放门静脉之后，狗却出现了心脏猝死意外，这又是怎么回事？研究后才发现原来是保存液中高钾的关系。当钾离子高于 7mmol/L 时，就会引起严重的恶性心律失常，会导致死亡的发生。于是他们在开放门静脉之前，先控制肝脏靠近心脏的血管，然后从下腔静脉放 100mL 至 200mL，这样就可以让受体狗免受高钾的刺激。

手术后还有一系列的问题。首先，狗的肝功能在术后并不能马上恢复，不尽快回到正常体温，容易产生并发症。他们又发现，气温在 18℃到 25℃时，有利于狗快速清醒。那时，手术室没有空调，武汉冬天很冷，气温常常在 0℃徘徊。他们于是又开始用煤炭生炉子给狗取暖。这时，夏穗生又拿出了他劳改时的拿手绝活——生炉子。夏穗生连生炉子都有一套完整的流程记录在案，此种方法，绝对一次生好炉子，但手术室也难免烟雾弥漫，今天看来啼笑皆非的事情却是当年真真切切发生过的。

其次，术后免疫抑制是一个关键的问题，人或动物的免疫功能会自然而然地排斥本不属于受体的器官，因而不解决免疫抑制的问题，器官移植就很难达到理想的效果。

事实上，一直到二十世纪八十年代免疫抑制剂环孢素 A（CsA）的发现与应用后，器官移植才得到了飞跃式的进步。而在环孢素 A（CsA）尚未问世之前，移植组与武汉生物制品研究所合作，用猴子开始了植皮实验，发现从马身上所提取的抗淋巴细胞球蛋白（ALG）可以在一定程度上控制排斥反应。

由于处在特殊时期，条件十分有限，手术后的纱布、手术巾、手术衣都是不能丢弃的，需要洗涤后重复使用。夏天，就直接用手搓洗，冬天则是放进冷水中，穿上胶靴踩着洗，就在腹部外科研究室的小院子里晾晒。满院子总是挂满了白色的纱布、手术衣、口罩和帽子。

在 98 次定型术后，大量实战经验得以累积，肝移植手术核心模式终于被确定下来。

在这 98 次肝移植定型手术中，总的即期手术死亡 77 只，存活 21 只，在短期存活期间能咬物、饮水，其中也有的能站立、行走和奔跑，其中存活超过 60 小时的狗有 2 只，最长存活 65 小时。

这些狗实验是夏穗生生活中的头等大事，他的日记也详细地记录了每只狗的情况，可见他的用心程度。在此，笔者仅以 1974 年的狗实验为例，说明肝移植狗实验的频率与效果。

夏穗生的日记中（1974 年 1 月—4 月）所记录的移植狗实验

时间：1974 年	狗编号	手术结果（未注明均为肝移植，肾移植另行注明）
1 月 16 日	Jan-74	术后 1 小时死亡
1 月 18 日	74-02	术后死亡
2 月 18 日	74-03	2pm 手术结束，晚间死亡
2 月 22 日	74-04	术后 1 小时死亡
2 月 26 日	74-05	大出血死亡
3 月 1 日	74-06	术后 1 小时死亡
3 月 4 日	74-07	术后 4.5 小时死亡
3 月 11 日	74-08	术后 0.5 小时死亡
3 月 15 日	74-09	渗血死亡
3 月 26 日	74-10	大出血死亡
3 月 29 日	74-11	术后 8 小时死亡
4 月 1 日	74-12	异体肾移植，无尿液，术后死亡
4 月 5 日	74-13	异体肾移植
4 月 8 日	74-14	渗血，术后 3 小时死亡
4 月 12 日	74-15	手术耗时 3 小时 15 分，4 月 13 日凌晨，继续守护 74-15 号狗，6 点 30 分排便，10 点死亡，共计存活 22 小时
4 月 18 日	74-16	术后存活 7.5 小时
4 月 23 日	74-17	术后 5.5 小时死亡
4 月 25 日	74-18	手术未完即死亡

虽然狗的存活时间不长，但还是获得了一些宝贵的经验：

（1）已经摸索出一套切实可行的手术顺序和操作方法。

（2）基本保证了血管吻合的成功率。

（3）摸索出了一套切取供肝、低温灌洗的方法，能在 10 至 15 分钟以内，使供肝中心降温到 10 到 15 度。

（4）摸索出了供肝组和受体组在时间上的配合，使无肝期不超过 2.5 小时。

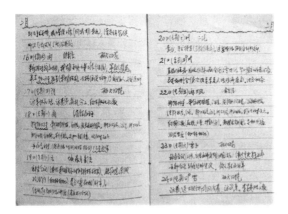

1974 年 2 月 18 日、22 日的狗实验（74-03 号与 74-04 号）

1974 年 4 月 8 日、12 日的狗实验（74-14 号与 74-15 号）

（5）提供了肝移植手术中特别需要注意的地方，以避免大出血。

（6）对选择灌洗液提供了肝的电子显微镜下的科学资料。

器官移植区别于传统医学，在最开始时，幻想与神话的成分较多。世界肝移植的先驱——美国人 Thomas Earl Starzl 在开始肝移植事业时，一样饱受非议与攻击。许多人都一度认为他是个疯子，他最初的病例有很多都死在了手术台上，让人更难以接受的是，这其中有许多是儿童。最初的手术失败多是由于凝血问题导致的大出血，在这种时候，他要面对的不仅仅是手术失败，还有一个个死在血泊之中的人。"杀人犯"的指控、医生同行的联名驱逐与肝移植的禁令接踵而至。

这是一条残酷至极的道路，因为之前本没有路，路是先驱们扛着压力走出来的。

中国的器官移植先驱们虽然有国外先例与经验参考，但国情不同、中西文化不同，他们也一样受到了各种攻击。

在狗实验开始的前几年，1973 年至 1975 年间，政治运动不断。这期间，有人开始质疑夏穗生和腹部外科研究室，公开贴出大字报："肝移植的肝脏从哪里来？""停止肝移植实验、废除肝移植计划。"器官移植脏器来源这个极其复杂的法律伦理问题早在狗实验阶段就已经被提出来了。

最开始时，武汉医学院腹部外科研究室只有木排式大门，后来修起了院墙和大门，里面成天都是各种狗叫，这成了有些人眼中的"独立王国"。于是大字报又贴在了当时住院部一楼的走廊上：

"夏穗生的尾巴又翘到天上去了。"

"夏穗生又要走他那条只专不红的老路了。"

面对种种非议，夏穗生能做的只是对移植组的成员们说，团结起来，站高点，看远些，排除干扰，踏实研究，一步一个脚印往前走，并以清代郑燮的诗《竹石》勉励自己，也勉励移植组成员：

咬定青山不放松，立根原在破岩中。

千磨万击还坚劲，任尔东西南北风。

1976 年是肝移植狗实验的最后阶段。正是在武汉腹部外科研究室一步一个脚印、扎实的动物实验的基础上，肝移植最终在 1977 年得以走进临床。可以这样说，中国的肝移植事业是伴随新中国一起走进新时代的。

如果说这种科学探索是为了劳动人民的健康与祖国的卫生事业，格局恐怕是不够的。

这分明是为了拯救人类。

器官移植与一般外科手术不同的是，许多时候它必须同时面对两个生命，同时面对死的无奈与生的渴望，安顿亡灵的同时挽回生命。眼里不能有一滴泪水，心里不能有一丝慌张，手上更不能有一分差错。但在最初科学技术水平达不到时，失败与效果不佳是必然的。有目共睹的是，随着科学技术的进步，器官移植术已经越来越成熟，无数绝症患者因此受益。

在器官移植术里，人类对科学无止境的探索与人类对同类无私舍己的救助使得医学的精神与人道主义的力量熠熠生辉。这也是为什么器官移植被称为"医学皇冠上的明珠"，从其一出现便站在了人类医学的巅峰之上。但它又带着某些与传统医学的区别，也因此饱受非议，特别是在它诞生之初，尚未完善之时。

传统的医学无论是内科还是外科都是在祛除疾病，使患者重新获得健康与生命。而器官移植术非也，它所做的是将死亡化作生命。

第五章

器官移植：魔幻现实主义下的科学

一 一个幻想与理性交织的故事

（一）温情与敬意

器官移植属现代医学，源自国外，但中国本土并非没有器官移植的类似传说。

战国时，天下尚未定于一统，思想尚未定于一尊。那个时候，《黄帝内经》还没有成为经典，本土医学可以开颅动刀。兵荒马乱之中，特别容易激发出某些奇思异想，名医扁鹊（约公元前 407—约公元前 310 年）便是这乱世中的一员，他拥有传奇般的医术——换心术，用今天的学术语言来说，就是心脏移植。

《列子·汤问》里就讲述了一个扁鹊换心的故事。

扁鹊有两个病人，分别是鲁国的公扈和赵国的齐婴，二人的疾病似乎是先天性的。扁鹊认为公扈内心深沉而多谋略，但本性软弱，欠果断，遇事不敢表态，以致郁郁不乐。而齐婴，思路简单，但性格倔强，一言不合就发脾气，逢人就吵。扁鹊在分析后认为如果他们俩把心互换一下，就皆大欢喜了。

在病人同意后，扁鹊使用了当时最先进的麻药：药酒，让他们昏迷了整整三天。其间，扁鹊开膛，把两个人的心取出来，互换位置，然后敷上神药。他们醒过来后，一切正常，只是公扈回了齐婴的家，去找齐婴的妻子；齐婴回了公扈的

美国华盛顿第二届国际环孢素学术会议上讲述了扁鹊换心的故事

家，去找公扈的妻子。当然，他们的妻子
都不认他们，两家还因此吵了起来，直到
扁鹊说出换心的原委后才停止了争执。

传奇故事荒谬而精彩，但带给后人启
发无数。仔细看来，故事里最大的荒谬就
是对人体器官功能的错误认识。扁鹊认为
心是人思想意识的源泉，所以为了改变两
个人的性格，他选择的是换心，而不是换
脑。但故事的启发性更大，早在战国时期，
人类就已经想到了用更换器官的方式来治
疗疾病。

1987 年 11 月 4 日，美国华盛顿，第
二届国际环孢素学术会议将扁鹊敬为会徽高
悬，并画出了换心术的示意图。夏穗生参加

美国华盛顿第二届国际环孢素学术会
议将扁鹊敬为会徽

了这次国际性会议，一进场便被这跨越国界的一幕深深感动，他在他的文章
中记录下了这一幕。

谁都知道，交换心脏并不能治好两个病人性情上的问题，扁鹊的做法
是行不通的。但失败是成功之母，按照这种思路，世上本没有失败，失败
只是成功地找出了许多种不能成功的方法而已，千年之后，总有一天，失
败会将后人送上一条成功之路。

大概这就是人类现代医学对传统最大的温情与敬意了。

（二）异种移植

相较于换心术这样人类间的同种移植，异种移植则更富有魔幻传奇色
彩。世界各个文明都不乏异种生物结合的传说，华夏始祖女娲伏羲就被描

女娲与伏羲

绘成人身蛇尾的形象，还有其他各种文明世界的人头马、人头牛、象头人、狮身人，林林总总。

中国也有各种词语表达出了异种移植的意思，最常用的恐怕就是"狼心狗肺"或"狗腿子"了，虽然传统对人使用动物器官总是有些"不怀好意"，但救人急需时，传统也是可以变的。事实上，异种间的器官移植一贯被认为是移植这种替代医学的最终出路。尽管夏穗生的一生都在做着更为现实的同种器官移植，但他对异种移植是有深刻认知的。早在1972年的《关于开展腹部外科研究室工作的建议报告》中就有这么一段意味深长的话语：

> 移植的最终目的还是异种移植，今天是设想，未知明天不是事实。主要靠人去实践。已有人想到利用猿肝，也有人预测25年以后有可能。

如今，距这份报告起草之时已经过去了50多年。25年之预测现在看来还是过于乐观了。当然，这份报告旨在说明肝来源供应是有长期解决方案的，异种移植便被认为是供肝来源的可靠保证。

在供体器官来源上，人类

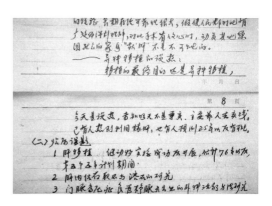

《关于开展腹部外科研究室工作的建议报告》

医学受到了伦理的极大挑战。最符合伦理道德的器官来源是器官捐献，但这有赖于极度成熟的法律体系，包括脑死亡法与捐献法等一系列法律。但即便是这样，同类器官依然有着供不应求的问题，只要供需不对等，其中的交易便难以杜绝。而任何涉及人体器官的交易，都会极大程度上挑战人类的伦理底线，彻底毁掉医学的初衷。

即便是使用与人类最为接近的灵长类动物的器官，除了异种排斥这一大问题外，依然会面临各种动物保护组织的不断抗议。

在各种因素权衡之下，猪的器官成了异种移植的首选，因为对猪的繁殖性消费已经成为习惯，阻力与伦理障碍小得多。但异种移植依然面临着动物病毒向人类传播的风险。在异种移植之外，人工培育或制造器官则是一条更有前途与希望的道路，干细胞的再生功能正在被应用到人体组织或器官的培育中，只是这两者离临床都尚有一段距离。今日，真正已经走上临床的只有同种器官移植。

（三）同种器官移植

器官移植有狭义与广义之分，移植物分为三类：细胞移植、组织移植和脏器移植。广义上的器官移植包括三类：细胞移植、组织移植和脏器移植。狭义上的器官移植只包括脏器移植。

最常见的输血从理论上来说就是细胞移植。捐献者其实就是捐献自己身体的一部分细胞给有需要的人。

组织移植有无活性组织移植，例如黏膜、脂肪、肌肉、血管等移植（按照严格的说法，无活性组织不算作器官移植）；也有活性组织的移植，例如角膜、脑组织、胸腺组织和皮肤组织等移植。大众最熟悉的恐怕就是眼角膜移植了。

夏穗生视器官移植事业为他生命的全部意义，他生前参与了中国器官移植发展的全过程。2013年，在他89岁时，他正式登记成了一名器官捐献者，对于他来说，这是一件再自然不过的事情了，他根本不用考虑，反而乐意至极。

6年后，他离开人世，他留下的眼角膜完好，跟随他95年的眼角膜依旧清澈透亮，移植后在两位患者的眼中得到了重生。

狭义上的器官移植就是脏器移植，例如心、肝、肺、肾等脏器的移植。夏穗生擅长腹部外科，因此他的主要医学成就集中于腹部器官的移植，例如肝、胰、脾的移植，但也包括一些其他器官。

人类器官移植早期，在一些组织移植手术成功的案例的鼓舞下，渐渐走向了大脏器移植。最早实现移植的人体大器官是肾脏。许多人可能会有疑问：为什么是肾移植开路，而不是其他器官？因为器官移植最终目的是治病，特别是救治重要生命器官如心、肺、肝、肾的无药可治的终末期疾病。相比之下，首选肾移植做研究，优点很多，例如肾脏位置浅显，邻近无重要器官，血管分布相对简单，手术操作方便，不会损伤周围脏器，而且观察移植肾的功能有明显客观的标志，即小便——每日排尿次数、每次尿量、尿的颜色、有无出血、有无感染化脓等，一看便知，取标本也容易，结果可靠。所以，器官移植以肾移植鸣锣开道，是完全可以理解的，历史的沿革也证实了这一科学的预见。

（四）器官移植的三关

夏穗生在一篇科普文章中写到，器官移植手术的三关是：手术技巧、脏器保存和防治排斥。

手术技巧是第一关。

器官移植是高难精尖的特大手术，没有高超的手术技巧，就完全动不了手。所以，第一道难关就是手术关。手术中别的困难且不谈，首先要把主要供血血管都接通，这是对外科医生手术技巧的严峻考验。如果血管吻合技术不过关，手术后血管不通或堵塞，移植上去的器官就没有血液供应，自然不能存活，整个手术势必前功尽弃。正是有了血管吻合技术，移植器官才有了供血条件，一切才有了可能。

世界器官移植先驱、法国人 Alexis Carrel（1873—1944 年）就是因为他开拓性的血管缝合技术与器官移植方面的工作而于 1912 年获得了诺贝尔生理学或医学奖。他最为著名的血管缝合三点吻合法据说是从刺绣女工那里获得的启发。后来，他对血管缝合技术已经达到了痴迷的地步，没日没夜地练习，直到肌肉的感觉与记忆完全形成，外科手术就这样成了艺术。

夏穗生极为重视外科手术技巧，千锤百炼。他刚进入外科的时候，什

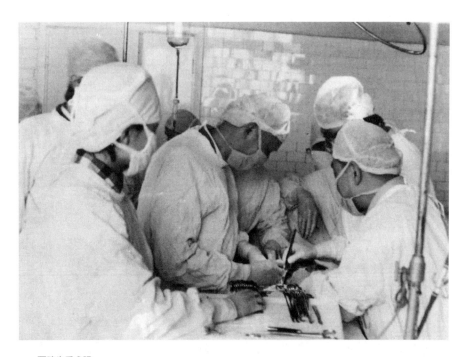

夏穗生手术照

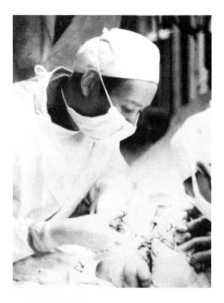

夏穗生手术照

么手术都做，而且技术娴熟。无论是他的同事还是他的学生，在回忆他的手术时都极为惊叹。

有人说，他动刀干净利落，他的手术台绝对看不到一片狼藉的场景。

也有人说只记得他的一双巧手，轻柔一掂，肝脏便出来了。

还有人说，他手持柳叶刀时的兰花指，真是美极了！

在为人师后，他亦特别强调勤奋练习对外科医生的重要性。他在一篇文章中写道：

要勤奋、上进、刻苦，不怕困难和暂时挫折。充分认识自己，发扬自己所长，人无完人，世无奇才，任何时候特别是年青时要扎扎实实下功夫，如经历过多少年的无数次连续几个白天晚上做手术，根本顾不上吃好饭、睡好觉，才能慢慢地锻炼出运用自如地（的）手术技术来。

脏器保存是器官移植手术的第二关。

夏穗生手稿

任何内脏，无论是肾、心、肝等，一旦没有血液供应，在一段不长的时间内，就会逐渐丧失活力而死亡。有的稍长一些，有的很短很短。例如在一般温度下（35℃—37℃），肝脏缺血（即所谓热缺血时间）只要超过10分钟，最多15分钟，就会失去活力。肾脏耐受热缺血时间虽较长，但如果超过半小时，也难指望它还能从损害中再活过来。从临床经验来看，要保证术后肾功能良好，热缺血时间越短越好，最好不要超过15分钟。可是，要求在这样

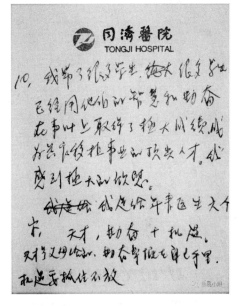

由石秀湄代写，夏穗生教导青年医生的话：我送给青年医生六个字，天才、勤奋 + 机遇。天才是父母给的，勤奋掌握在自己手里，机遇要抓住不放

短的时间内完成肾移植手术（必须做肾动脉、肾静脉和输尿管三个吻合）也是十分困难的，或者说是不可能的。

经过长期研究发现，要延长缺血器官的活力时间，最好的办法是"低温灌洗"。在35℃时，缺血90分钟的狗肝，移植后全部死亡，但如果降温到4℃—16℃，缺血时间则可以延长。随着技术的不断发展，器官保存液不断更新换代，保存的时间也不断延长。

器官移植手术的第三关则是最困难的排斥关。

人体的免疫系统会自然而然地排斥不属于本身的器官。如何抑制人体的免疫系统，如何让人体免疫系统接受移植的器官，停止排斥，而又如何解决抑制了人体免疫系统后带来的一系列问题，是真正的难题，也是器官移植中真正最科学的地方。这些问题不解决，器官移植很难达到理想的医

疗效果。

人的身体有一种微妙的本领，不允许另外一个人的器官在他体内生存，动物也一样。这是通过很多手段来实现的。最重要的主角是由一种经过胸腺处理的淋巴细胞群，叫作T淋巴细胞。这种T淋巴细胞随着血液流到移植器官内，与移植器官的细胞一接触，便能认出这是"异物"。

T淋巴细胞是如何认出"异物"的呢？原来，人体细胞表面都有一种标志着个体特异性的物质，叫作组织兼容性抗原。这种抗原的结构是如此复杂，以致除了同卵双胞胎以外，世界上没有两个人是完全相同的。就凭这一点，T淋巴细胞便能很快地认出"不速之客"。如果不解决器官排斥问题，器官移植的长期存活似乎就只能存在于同卵双胞胎之间，连异卵双胞胎都不行，更不要说其他人了。

夏穗生在一篇未曾发表过的器官移植科普文章中试图用通俗的比喻向大众描述人体对移植器官的猛烈攻击，他写道：

> 人体发现异物后的情形，就犹如国境线上发现了敌军，军队迅速动员起来，配好武装，大量征集后备兵的情况一样，此时，T淋巴细胞也要经过激化、增殖而形成大量的致敏淋巴细胞。一场向移植器官这个异物发动的摧毁性攻势开始了，这样就导致了急性排斥反应的发作。由于上述征兵备战的过程需要一些日子，因此急性排斥反应最早在移植手术五至六天后开始，但可以在几个星期、几个月、半年内多次重复发生。这场排斥战一旦打响，病人会突然感觉阵阵寒战，继之高烧，从良好的情况中瞬时间感到难以诉说的不舒服、烦躁、疲倦、移植部位胀痛，移植器官功能突然停止。例如，移植的肾不再排尿，移植的肝则黄疸直线上升，如果没有及时有力的抗排斥反应治疗，病人就会很快死去。

　　只有找到有效的免疫抑制剂来控制排斥反应才能真正将器官移植带出黑暗时代。所幸的是，英国的器官移植先驱 Sir Roy Calne 在挪威找到了环孢素，在环孢素被应用后，器官移植真正的春天到来了。

　　夏穗生第一次听到器官移植受者的长期生活情况是在 1980 年，就是来自 Sir Roy Calne 的介绍，他是欧洲第一个施行临床肝移植的先驱，亦是引用环孢素 A 于器官移植的先驱。Sir Roy Calne 在他做完第 100 例肝移植手术后，立即率领一个肝移植手术组，包括麻醉师、手术室护士长和助理一行人，于 1980 年来华进行学术交流。

夏穗生与 Sir Roy Calne

　　那时的中国刚刚改革开放不久，一切都百废待兴，处于长期封闭中的国人，对国际学术交流是一种渴求的心态。Sir Roy Calne 于 1980 年 11 月 1

日到达北京，在当地接触到的都是肾移植专家，但他更想看的是难度最大的肝移植，于是转站武汉医学院。知道 Sir Roy Calne 要来看肝移植时，夏穗生在一篇他未曾发表的文章中写出了他的激动：

> 我接到北京的电话通知，当时的确乱了手脚，忙着布置实验动物手术室，彻底做好清洁。康教授在我施行 130 只狗肝移植的原手术室，表演了一次狗肝移植，他亲自主刀，我任第一助手，麻醉师、手术护士和巡回护士都是康教授带来的，我实验室的一班人马，都做第二把手，好在手术用的器械，都是康教授带来的，所以移植手术很顺利，双方配合默契，术中每一步骤都得心应手，我在术前非常担心的断电没有发生，手术在大家的微笑中结束。

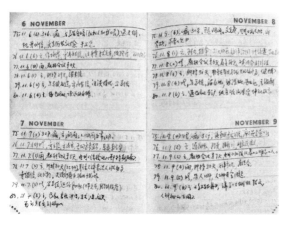

夏穗生的日记记录了 1980 年 Sir Roy Calne 的武汉之行

在离开中国之前，Sir Roy Calne 于 11 月 7 日在武汉医学院学术报告厅做了一次临床器官移植的学术报告，题为《环孢霉素 A 在肾胰肝移植中的应用和 100 例原位肝移植的经验》，并在最后综合总结了他的医院肝移植患者的长期生活状况："长期存活者情况良好，例如存活 4 年以上的 1 例，最近来信说能背负 5 斤重物，行走 7 天，行程 73 英里，情况良好，另有一例能飞跑，做各种体操，包括全身支撑升降动作"，并放映了长期存活患者的纪录片。

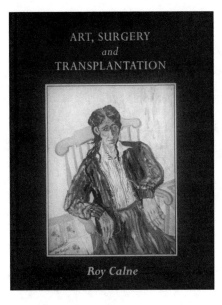

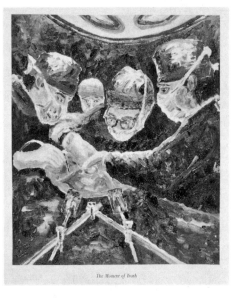

夏穗生的书柜中一直珍藏着 Sir Roy Calne 的油画集，油画的主角常常是他的患者

夏穗生的书签停留在 Sir Roy Calne 的画作《寻求真理》上

夏穗生激动地写下了当天的情况："在场同人听完、看完后，掌声经久不息，如雷动震天，众人万分雀跃。这无疑是一剂强心剂，对我国肝移植起了一个启发和鼓舞的作用。"

器官移植病人是可以长期存活的，前途是光明的。

毕竟，就在 Sir Roy Calne 来华访问的前一年，1979 年 6 月 29 日，由夏穗生主刀的肝移植患者去世。那个患者在接受肝移植后存活了 264 天，这个不到一年的肝移植存活记录，在中国保持了 16 年之久。

可见道路是曲折的，由于疗效不佳，没有人对前途有十足的把握。

二 先驱

（一）普罗米修斯

世界肝移植先驱 Dr.Thomas Earl Starzl 被称为普罗米修斯再世，那个希腊神话里的英雄，为了拯救人类，可以让被老鹰吃掉的肝脏一次次生长出来，而不顾及自己承受多大的攻击与痛苦。说来也巧，现代医学证实，肝脏确实有着其他大器官所不具备的再生功能。

可中国没有普罗米修斯这样的神话，但这并不妨碍 Dr.Thomas Earl Starzl 与夏穗生成为知己。当然，他们有所同也有所不同。相同的是，他们早年都牺牲了很多狗；不同的是，到了晚年，Dr.Thomas Earl Starzl 成了个爱狗人士，养了好多狗，而夏穗生因为怕狗，从不敢靠近狗。Dr. Thomas Earl Starzl 比夏穗生小两岁，但在早期，夏穗生的肝移植之路都有他的影子。

夏穗生与 Dr.Thomas Earl Starzl

（二）神刀初现

要想做好肝移植，首先得成为出色的外科医生。

夏穗生的外科之路是从 1942 年上海德国医学院开始的，在德国医学院教学的都是上海宝隆医院的德国医生，在被日军占领的上海，德国医学院保持了战争状态下最高的教学水平。1945 年德国战败，医学院停办时，夏穗生已经完成了德语和医前期的课程。1946 年，内迁四川李庄的同济大学医学院返沪，夏穗生所在的班级被接收并入。就这样，他接着在同济大学医学院完成了医后期的课程和实习，于 1949 年毕业。

上海解放是在 1949 年 5 月，那时的夏穗生已经进入同济医院（时称中美医院）的外科实习，他的实习期极其忙碌。因为上海市虽然是和平解放的，但上海周边有战斗。他记得伤员被源源不断地送往医院的外科。在战争状态下，他靠着实战经验，抢救了大量伤员，迅速成为一个能够独当一面的外科医生。

据他本人回忆，他最终选择外科，也是因为在抢救伤员的过程中，切身感受到了外科实实在在的疗效。

柳叶刀不是枪，是救命神刀。他痛恨战争，所以尽可能地弥补创伤。

只要一拿起那把柳叶刀，他就成了那个江湖中济世救人的大侠，超脱一切门派。成为手握神刀的大侠后，夏穗生也是从普通外科做起，最先转向肛肠外科，后来重点转向腹部外科。

（三）成为肝外科医生

也许这就是夏穗生所说的机遇，二十世纪五十年代，也就是夏穗生正式成为外科医生不久，赶上了国际上一个肝外科的大进展时期。相较于其他大器官而言，肝外科的发展是滞后的，肝脏也是外科医生最惧怕的器官之一。夏穗生在其早期重要论文《肝部分切除手术》（发表于 1958 年）中，

《肝部分切除手术》，发表于《武汉医学院学报》1958年（总第五期）

从理论和技术两方面详细分析了阻碍肝外科发展的原因。他分析道："从理论上看，肝脏的功能甚为繁复。肝脏功能的认识对人类来说就是一条漫长的弯路。肝脏对消化、新陈代谢、净血和血液成分调节都很重要，肝不仅是人体内部的血液过滤器，而且是清除细菌危害的地方，这么一个重要的器官，能否大块地切割需要极其慎重，人们早期根本不知道维持生命最低限度需要多少正常的肝组织。"

争议与分歧出现在十九世纪末至二十世纪初，有部分医学家认为左右两个肝叶的功能是不同的，不能互相代替，因而否定了肝叶切除的可能性。而另有医学家认为，左右两个肝完全相同，是可以代偿的，并在1889年从动物实验中证明了大量肝切除是可行的。直到二十世纪四五十年代，医学家们才逐渐形成了一致的认识：肝组织的再生功能非常强大，切除的肝块很快就会被新增殖的肝组织替代，而且结构功能与原本并无二致。所以，只要留存的肝组织是正常的，切除 70%—80% 的肝脏，对生命没有妨害，只需大约三个星期，肝功能便可恢复正常。

希腊神话一向很离谱，但从某种程度上来说，普罗米修斯的故事倒是真的。

在理论问题扫清后，技术成了另一个问题。肝脏的血运极多，是个血液集散地，同时接受着肝动脉和门静脉两方面的血液供应，并且组织脆弱，手术中极容易发生剧烈的大出血。因此，肝切除绝不能只根据病灶盲目切除，遵从肝局部解剖学的典型性肝切除才能真正解决大出血的问题。

在国际上，典型性肝切除技术是在 1952 年前后逐渐开展的，而在我国，肝大块切除也始于二十世纪五十年代。提醒外科医生推行典型性（规划性的、符合肝解剖的）肝切除，放弃盲目性肝切除的则是我国现代普外科先驱曾宪九教授（1914—1985 年），他 1957 年发表于《中华医学杂志》的文章《肝脏广泛切除的研究》给了夏穗生极大的启发。在熟悉了肝外科知识、肝局部解剖后，夏穗生于 1957 年施行了 5 次肝典型性切除手术，就这样开启了以肝外科治疗肝疾病的道路。

到了二十世纪六十年代，肝切除技术在我国进一步运用发展。那时候人民生活水平低，许多人营养不良，因而肝病频发。夏穗生将肝切除技术应用到多种肝病的治疗中去，根据临床经验，总结出了如下论文：

1962　《肝切除术》

1962　《肝切除后治疗急性肝内胆道大出血》

1964　《肝切除手术操作的若干改进》

1964　《肝切除术治疗原发性肝癌的评价》

1964 《肝门外科解剖》

1964 《肝切除术治疗胆管性肝脓肿所致的急性肝内胆道出血的探讨》

1964 《肝外科近展》

1965 *Appraisal on liver resection in the treatment of primary hepatic carcinoma*

可以这样说，熟练地掌握了肝切除术后，夏穗生的一只脚已经迈入肝移植的领域了。

（四）先驱

在夏穗生于二十世纪六十年代所发表的论文中，《肝外科近展》一文对他有着重大的意义。

1964年夏穗生发表在《国外医学动态》第10期的《肝外科近展》一文是我国第一篇介绍肝移植的学术文章。在这篇标志性的论文中，夏穗生介绍了国际肝移植先驱 Dr. Thomas Earl Starzl 在美国所做的动物实验和最早应用于临床的三例。

当时，Dr. Thomas Earl Starzl 还未获得任何长期存活的病例，临床第一例死在了手术台上，第二例和第三例分别存活22天和7.5天。面对如此糟糕的结果，不但 Dr.Thomas Earl Starzl 没有放弃，而且夏穗生也已经万分确信肝移植就是肝外科的未来。

他决心在中国杀出一条血路来。

1965年9月，武汉医学院腹部外科研究室成立，只可惜，没过多久，"文革"就开始了。

"文革"中，夏穗生主要的日常是批斗、抄家、劳动改造、思想改造、下乡巡回医疗、政治学习，医疗业务基本暂停了，科研就更别想了。直到1972年，腹部外科研究室才恢复了建制，这一晃就是7年。武汉医学院腹部外科研究室恢复建制后，肝移植的研究才提上了日程。按照1972年的《关于开展腹部外科研究室工作的建议报告》的计划，1972年至1976年为肝移植动物实验时期，1977年至1982年为肝移植临床时期。

接下来的几年里，整个团队和夏穗生顶着各种大字报围攻和声讨的压力，躲在他们的"独立王国"里做了130例狗的肝移植实验，摸索出了一套可以应用于临床的肝移植手术方法。中国的肝移植事业便始于这段艰苦的时光。

到了1977年，卫生部正式批准成立武汉医学院器官移植研究所，这是我国第一个器官移植研究机构，而其前身便是"文革"前成立的武汉医学院腹部外科研究室。

近5年的实验研究非常艰苦，整个工作整理后，总结成《130次狗原位肝移植手术的分析报告》。这篇文章由曾宪九教授推荐，刊登于1978年第5期的《中华外科杂志》上（刊登时文章题目为《130次狗原位肝移植手术的分析》）。一经刊出便轰动了整个外科学界，系统性器官移植研究的序幕就这样在我国拉开了。

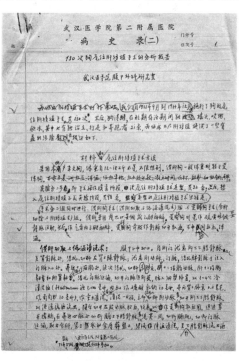

夏穗生《130次狗原位肝移植手术的分析报告》手稿

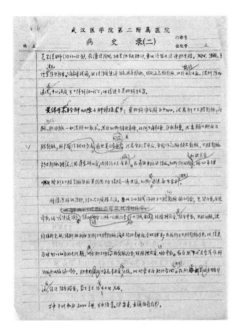
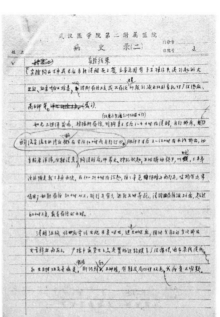
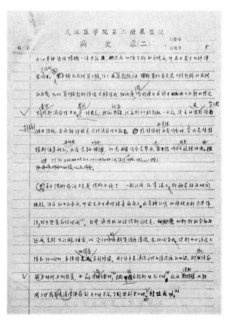

夏穗生《130 次狗原位肝移植手术的分析报告》手稿

夏穗生《130 次狗原位肝移植手术的分析报告》手稿

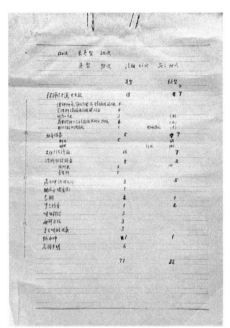

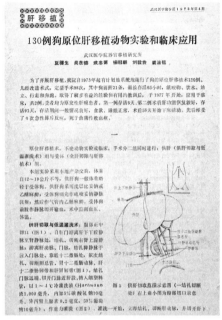

夏穗生《130 次狗原位肝移植手术的分析报告》手稿

夏穗生的另一篇总结性论文《130 例狗原位肝移植动物实验和临床应用》，发表于《武汉医学院学报》1978 年第 4 期

在扎实的动物实验基础上，武医二院在 1977 年 12 月 30 日实施了第一例临床肝移植手术，患者在术后仅存活了 6.5 天。

事实上，自从肝移植在中国走上临床，从 1977 年到 1983 年这最初的 7 年间，全国报告的肝移植手术仅 57 例。其中，武医二院独立进行了 10 例，在这最早的 57 例当中，存活超过半年的只有 4 例，其中存活最长的一例为夏穗生主刀的一例，存活 264 天。

该患者因肝癌入院，肝移植术 264 天后死于肝癌复发，面对只能以天计算的存活时间，可以说，肝移植在当时最多只能算个实验性疗法，是无路可走时的实验性尝试罢了。

夏穗生的日记也详细地记录了该患者的状况，他盼着他能一直活下

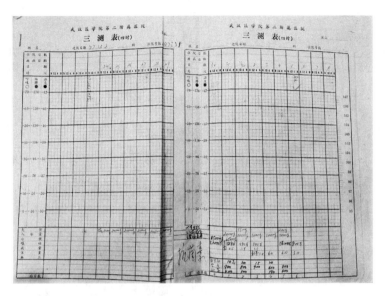

病例显示该患者于 1977 年 12 月 2 日入院，于 12 月 30 日进行了肝移植手术，不幸于 1978 年 1 月 5 日去世。为尊重患者隐私，患者姓名被隐去

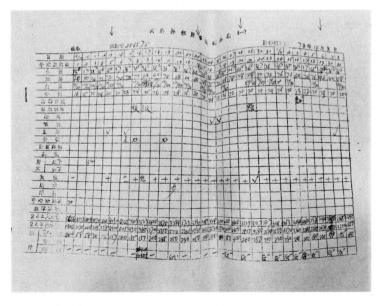

病例显示该患者于 1978 年 10 月 8 日进行了肝移植手术，这次手术是夏穗生所做的第三例临床肝移植手术。为尊重患者隐私，患者姓名被隐去

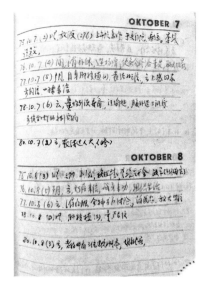

夏穗生的日记记录了这位患者在 1978 年 10 月 8 日进行的肝移植手术

去，每天都在日记上数着日子，直到有一天他在数字后打上了"#"号，可见他对患者的用心程度。

夏穗生对这一切显然是不满意的。如果 264 天都能被称为"成功"，器官移植是没有意义的。因为当患者的生命成了个人功名利禄和科学成就比拼的数字时，医学的初心——人类对生命的爱与怜悯便已经失去了。如果从一切以患者为中心的角度出发，从生命至上的原则出发，移植手术这样的疗效，不过是给绝望中的患者一丝希望，而又走向另一

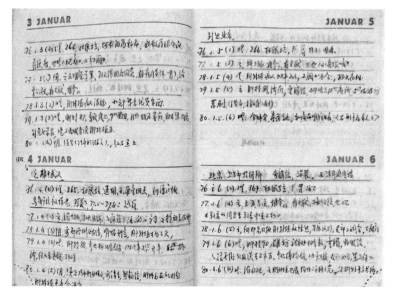

日记显示夏穗生每天都在数着患者的生存天数：1979 年 1 月 3 日时，患者生存 87 天，4 日时 88 天，5 日时 89 天，6 日时 90 天

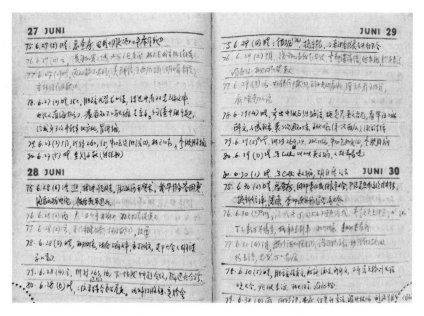

日记显示该患者于 1979 年 6 月 29 日去世，术后存活 264 天，至此，夏穗生在日记上打上了"#"号

个绝望罢了。

夏穗生无奈地总结了这一时期（1977—1983 年）临床肝移植疗效不佳的原因：

（1）经验分散，总共 57 例分散在全国各地，不利于总结经验。

（2）移植器官受者的原发病主要是肝癌，恶性程度高，术后复发难以避免。

（3）接受移植手术太晚，一些受者手术时已有癌症转移。

（4）国内未接受脑死亡的概念，导致供肝热缺血时间长，质量差。

（5）尚没有强而有力的免疫抑制剂，环孢素还尚未应用，长期应用皮质激素，容易导致严重感染而发生全身性败血症。

我国第一阶段肝移植统计表（1977—1983 年）

单位	例数	备注
同济医院（武汉医学院附二医院）	10	其中 1 例存活 264 天，创下这一阶段全国范围内术后存活时间最长的纪录
瑞金医院	6	
南京医学院附院	5	
华西医科大学附一院	5	
广东省人民医院	5	
北京市人民医院	3	
第二军医大学附一院	3	
福州军区总医院	3	
天津市第一中心医院	2	
武汉军区总医院	2	
白求恩医科大学附三院	2	
白求恩国际和平医院	2	
山东省人民医院	2	
南京铁道医学院	2	
广西医学院附院	2	
哈尔滨医科大学附属二院	1	
山东医科大学附院	1	
上海医科大学附属中山医院	1	
总计	57	

由于医疗效果不佳，中国的肝移植从 1984 年开始陷入停滞。

面对这样的失败，为什么还要坚持下去是一个问题。笔者以为，一方面，是因为人类探索未知的科学精神永远不会停止；另一方面，对于那些肝病晚期的患者来说，肝移植或许就是他们最后的一丝希望，如果放弃了，那他们真的就一丝希望都没有了，而人类对同类的救助之心永远都不会停止。

夏穗生面对的失败、限制、攻击与煎熬远远多于成功。可心本勇绝，又何惧人言？不入火海又如何能救人于火海？

先驱之所以被称为先驱，不是因为成功，而是因为他们敢于在失败的血泪中，为后来之人铺出一条路，使后人不至于陷入无人理解、无人支持而满是非议的境地，亦不用再体验那种无路可走、回天乏术的绝望。

三　一段小小的引言

（一）海外存知己，天涯若比邻

如果说青霉素（Penicillin）是一种改变了世界的药物，那么二十世纪七八十年代在挪威横空出世的环孢素（Ciclosporin）就可以说是一种改变了器官移植的药物。它在副作用较小的情况下抑制了人体免疫系统，使得移植器官得以被受体接受而不致排斥，这极大地延长了移植术后患者的生存时间，可以说环孢素的应用是器官移植术的飞越性进步。

1983 年，也就是肝移植因疗效不佳在中国陷入停滞的那一年，环孢素在美国改变了一切。正是在这一年，环孢素通过了美国食品药品监督管理局（Food and Drug Administration，FDA）的批准，可用于肾脏、肝脏和心脏移植，而肝移植的主要适应症也在由肝癌转向终末期肝硬化，这些都给灰暗的器官移植事业带来了巨大的福音。

还是在 1983 年，美国国立卫生研究院（National Institutes of Health，NIH）正式发文，认定肝移植为终末期肝疾病的治疗方法，应予以推广。至此，肝移植告别了实验性疗法的历史。

夏穗生便是在 1983 年到美国参观学习访问的。当然，他一心要拜访那位世界上最著名的肝移植医生 Dr. Thomas Earl Starzl。据夏穗生日记记录，他在 1983 年 8 月 23 日到达旧金山，25 日便迫不及待地转战匹兹堡。Dr. Thomas Earl Starzl 热情地接待了这位跨越太平洋而来的中国同行，在匹兹堡停留期间，Dr. Thomas Earl Starzl 还专门带着夏穗生去看过一次取肝现场。

Dr. Thomas Earl Starzl 送给夏穗生的自传——《组装人》

这次在美国观摩取肝的经历令夏穗生记忆深刻，他在一篇未曾发表的文章《专机取肝记》中，认真记录下了这次观摩取肝的全过程。

1983 年 8 月 31 日，美国东北部一个明朗的早晨，一辆飞驰的汽车将 Thomas Starzl、我、陈肇隆医师等一行四人从匹兹堡大学医院送到了市郊的一个小型飞机场。我们在那里登上了一架银白色的小型私人飞机。八时半，飞机腾空而起，我们开始了使命：取回一个死者的肝脏，移植给一个生命垂危的晚期肝癌患者。

Dr. Thomas Earl Starzl 与夏穗生曾多次在各种学术会议上交流，激动地握手

　　这个肝移植手术分成了两组进行，飞机上的是取肝组，任务是从尸体上切取肝脏带回医院。留在医院的为移植组，主要负责切除病人的肝脏，然后把取回的肝脏移植到原来的部位。取肝的地点在距离匹兹堡数百公里之外的田纳西州，在切取尸体上的肝脏后，断了血供的肝脏在低温与保存液的保护下能不受损害的时长也是有限的，所以若没有高速的交通工具与组织安排配合，这种肝移植手术是根本不可能的。

　　在飞行途中，Dr. Thomas Earl Starzl 递给夏穗生一块三明治和一杯咖啡，并说道："昨天在田纳西州的一个小镇上，一位 18 岁的少女在一场车祸中头部受了重伤，抢救无效，大脑已经死亡，仅靠人工维持着呼吸和心跳。脑死亡在我国是可以切取任何器官的，我们就是去切取她的肝脏。"

听到这些话，夏穗生什么都没说，但笔者可以猜出他在想些什么。脑死亡下切取的肝脏质量是最好的，移植后一定能得到最好的恢复效果，因为脑死亡后，意外死亡者的呼吸和心跳都仍在维持，肝脏的情况与正常人无异。脑死亡是不可逆的，所以通过脑死亡法，医生便可以在宣布脑死亡后，在呼吸和心跳都尚未停止时切取器官。

夏穗生又问："这飞机是您的吗？"

Dr. Thomas Earl Starzl 答道："不是，美国有许多热心医疗福利事业的社会团体和巨富，他们有自备家用的飞机，当我需要时，他们就会免费借给我飞去取肝，一个电话就能联系好，连飞行员也是义务服务，不要报酬的。"

Dr. Thomas Earl Starzl 当时说的这些肯定让夏穗生目瞪口呆，这些在1983 年的中国当然都是不可想象的条件。

飞机到达后，他们一行人坐上救护车迅速前往医院，夏穗生换上了手术服，作为参观学习医师进入手术室。他仔细描述了他看到的一切：

> 手术台、无影灯、麻醉机、多导联监测机都是我熟悉的，但为脑死亡者动手术，却是我三十余年外科生涯中第一次所见。

从这里，我们便已经能看出夏穗生内心的震动了。

他将脑死亡比喻为"整个机器死了，让零件再活一段短时间"。

这有些残酷，"但手术台上那个头部受重伤的人，那个濒于死亡的少女，实际上却是嘴里插着人工呼吸机的尸体"。

她的心脏规律地跳着，被动呼吸是有节奏的，肝脏血流是正常的，多导联监测机显示的数据也表明一系列指标都是正常的：血压120/80mmHg，脉率85次／分，呼吸控制于20次／分。她手臂上输着液体，所以血钠、钾、氯、钙、血氧分压、二氧化碳分压、凝血指标也都处于正常范围。手术刀切开处同正常活人手术一样流着鲜红的血，一样需要止血与结扎，和正常手术步骤毫无区别。许多内脏都可以切除，用于器官移植，留下来的将是空空如也的躯壳。切开死者的腹腔，只见肝脏是鲜红的，光滑柔软。

肝脏是人体腹部最大的器官，占据了腹部大部分的空间。当取出肝脏后，人的腹部会呈现出一个巨大的空洞，这样的景象在手术中甚为惊人，当然，外科医生们或是见怪不怪，或是来不及感叹，因为返程刻不容缓。

切取的肝脏被低温灌洗后，完全呈无血状态，颜色发白，但依然柔软而光泽，这个无价的神造之物就这样被冷藏在保管箱中。毫无疑问，从这种脑死亡者身上切取的肝脏，是没有可怕的热缺血时间的，质量是头等的，远远胜过从呼吸心跳停止的死亡者身上切取的肝脏，因为后者早已有一段时间没有血供了。但这样的器官来源除了脑死亡法的支持外，是不可能有其他办法的。

医生们提着人体器官保管箱飞速返回机场，还是来时的那架小飞机再次起飞返回匹兹堡。当取回的肝脏被移植进入病人的体内，当血管接通、医生松开血管钳的一瞬，肝脏血供开始恢复。夏穗生看了看表，这一刻离在脑死亡少女身上切断肝脏血供仅仅过去了4小时56分，一切丝丝入扣，天衣无缝。

一个人本来发白的肝脏，在另一个人的体内渐渐变成了粉红色。医生们抬头会心一笑，又一段生命开始了。可是，器官移植就算再成功，也抹不掉那一层哀伤的色彩，因为许多时候，新生的背后常常都是另一个生命的死亡。一个移植医生不可能永远只被分配在移植组，而不分配到切取组，只迎接生的希望，而不面对死的悲哀。

如果不能让死伟大，就不能让生光荣。

夏穗生的日记记录下了 1983 年的美国行程

夏穗生并不是一个基督徒，他可能不会感谢主，他有一套他自己的哲学体系支撑着他的移植人生。但基督徒此时一定会百感交集，因为人类正在用神赐的智慧与仁心来揭示神造人的奥秘，来拯救同类。按照基督教的理论，他们不愧是最伟大的神造物，他们的智慧与仁心成就了自己，也荣耀了造物主。

（二）再出发

从 1984 年至 1990 年，中国临床肝移植停滞了 7 年。

进入二十世纪九十年代之后，随着环孢素的广泛应用，国际上肝移植在前辈探索出的道路上迅速发展，继而带动日本以及我国香港和台湾地区肝移植也取得了很好的成绩。此时，我国已实行改革开放 10 年以上，我国新一代的中青年医师，有从国外学习肝移植归国的，也有在国内从事肝移植实验研究的，都有了一些经验。技术上一旦成熟，再有政策和经费上的支持，肝移植事业很快便能再度开始了。

我国大陆（内地）肝移植数发展情况（1977—2000 年）

年度	施行例次	累计例次	备注
1977—1984	57	57	1997 年开始施行 2 例
1985—1990	0	57	
1991	2	59	
1992	0	59	
1993	5	64	
1994	7	71	
1995	9	80	
1996	13	93	
1997	16	109	累计数超过 100 例
1998	27	136	
1999	118	254	年度数首次突破 100 例
2000	234	488	年度数首次突破 200 例

从 1991 年至 1998 年，全国共实施了 79 例肝移植，开始了重新发展。正是在此期间，夏穗生主编了我国首部器官移植学专著——《器官移植学》。

1999 年是中国肝移植跳跃式增长的标志年，单年肝移植手术即超过

《器官移植学》，上海科学技术出版社 1995 年版

《器官移植学》第二版，上海科学技术出版社 2009 年版

《器官移植学》2009 年再版时，85 岁的夏穗生在新版书上签名

100 例，2000 年时再翻倍，单年肝移植手术超过 200 例。夏穗生所在的同济医院（原武医二院）亦是肝移植高速发展浪潮中的一员，在手术量、手术术式、以肝为主的腹部多器官移植、肝肾联合移植、肝肠联合移植、术前配型等方面均有突出表现。

武汉同济医院做的肝移植手术的逐年数量（1977—2001 年）

年度	年度例次	累计例次
1977—1984	1	13
1991	1	14
1994	2	16
1995	1	17
1996	1	18
1997	7	25
1998	5	30
1999	19	49
2000	35	84
2001	57	141

针对这一时期国内肝移植的高速发展与进步，夏穗生总结了几点，这些与国际上肝移植发展的思路和方法都是一脉相承的：

（1）肝移植中心逐渐形成、增多，便于经验累积。

（2）肝移植的适应症在起变化，终末期肝硬化取代肝癌成为主要的适应症。

（3）肝移植术式的多样化与活体供肝移植的开展。

（4）UW 保存液的使用。

（5）移植术后环孢素或普乐可复为主的联合免疫抑制方案。

（三）小小的引言

在世纪之交、器官移植的大发展时期，夏穗生已经 76 岁了。回想他的第一次肝移植尝试，那时他还是个 34 岁的年轻外科医生。

1958 年，正是"大跃进"如火如荼的时期，一个年轻的外科医生已经做了 10 年的手术，自以为很了不起，总觉得自己手上有把神刀，脑子里满是奇特的想法，一心要创造奇迹。要说他没点个人英雄主义情结，笔者都不相信。果真，他将一只狗的肝脏移植到了另一只狗的右下腹，受体狗存活了 10 个小时，他冲到党委书记那里报喜的时候，一定想不到 40 年后，这项技术会在引来漫天非议的同时拯救了无数患者的生命，而他也将为此耗尽一生。

这 40 年的艰难、曲折、委屈与是非又岂是一篇文章或一本书能够讲清楚的？

光是人世的阻力重重与器官移植的伦理泥潭已是一言难尽。好在，夏穗生是个科学主义者，纷乱不堪的人世中总有些科学的理想在心中，他始终持有一种进步的观念，退步对于他来说是不能容忍也不能接受的，这种科学的乐观主义也许是他一直以来持续的动力。但比科学主义更重要的是，他始终是一个人道主义者，他心里自始至终怀揣着济世救人的英雄梦。

夏穗生大概也不会同意笔者称他为中国的普罗米修斯，他对他自己是有清晰认识的。在一篇科普文章中，他写道：

> 科学的发展是无止境的，
>
> 人总是一代比一代强，
>
> 后人如果要写《漫谈中国器官移植》这本书的话，
>
> 我只不过是一段小小的引言罢了。

四　科学与母爱

（一）从血友病甲说起

1989 年早春的一天，自有难忘之处。已经行医 40 多年的夏穗生正准备尝试一种他从未做过的手术。

手术室里，无影灯下，他手捧着一个刚刚切下来的脾脏，熟悉的半月形，柔软、鲜红。与通常外科手术切下的脾脏不同，他特地保留了一段完整的脾动脉与脾静脉。护士将脾脏放在圆盘里，浸泡在冰冷的平衡液中，接着又拿来一瓶冰冷的平衡液，将输液管插入脾动脉内，让平衡液流入脾脏，不断进行冲洗，脾脏也随之逐渐褪色、冷却。

与心、肝、肺、肾不同，一个人并不一定需要自己的脾脏，很多人也并不知道自己的脾脏在哪儿。

夏穗生不禁回头看了一眼那个躺在手术台上的女患者，脾脏就取自她的腹中，而她的眼睛也正凝视着夏穗生，目光充满了信任。他避开了她的注视，立刻转向邻近的另一个手术台：一个 9 岁的男孩正沉睡于全身麻醉之中，他的右下腹已被切开，等待着他母亲的脾脏移植进去。

夏穗生小心翼翼地将这个来自母亲的脾脏吻合到了孩子的右髂总动脉和静脉上。他写道："这是一个母亲给孩子的第二个脾脏，但愿真有回春之力。"

"这是我的心愿，我决定把脾脏给我的孩子，弥补他天生的缺陷，无论结果如何，我都不会后悔。"

当这位母亲讲完，夫妻二人已经是泪如雨下。夏穗生深受感动，但也只能说道："用亲属的脾脏移植来治疗血友病甲只有理论根据，但这种手术毕竟只是一次大胆的尝试而已。"

这个可怜的孩子患的就是血友病甲，病情已很严重了。他出生不久，家人就发现其皮下老是有出血斑点，毫无原因地经常流鼻血、齿龈出血，玩耍时轻微碰伤也会出血不止。特别是双膝部反复出血、肿胀，到 6 岁时双膝关节已变形，不能伸直，肌肉也萎缩了，整个人已完全不能站立，更谈不上走路了。可想而知这样的病给孩子与父母带来的痛苦。

血友病甲是一种家族遗传病，绝大多数为男性发病，其基因缺陷位于 X 染色体上。这个病在历史上可谓影响极大，欧洲王室的老祖母维多利亚女王带有血友病基因，但此基因在女性身上极少发病。由于联姻，使得此基因缺陷遍布欧洲王室，因而被称为王族病，其中最有名的病例便是沙皇尼古拉二世与其独子。

血友病甲是一种凝血功能障碍遗传病，患者位于 X 染色体上的基因缺陷造成了凝血因子（或称抗血友病球蛋白，简称Ⅷ因子）的缺乏，使得患者身体容易出现瘀青，关节与脑出血概率也增加，身体只要稍微受伤就会血流不止。对别人来说无关痛痒的跌打损伤或是掉颗牙齿，对他们来说都是危及性命的事情。

这种病即使到了今天也谈不上根治，因为根治必须修改有缺陷的基因，但基因治疗仍然处在研究阶段。所以，现在的治疗都在治标，仍停留在补充凝血因子的阶段，定期输入凝血因子来预防或是治疗血友病甲的出血症状。

夏穗生广泛查阅国外文献，了解到人的脾脏与合成凝血因子有关，就是其产地之一，继而想到了通过移植脾脏使患者体内自行提高凝血因子的方法来治疗血友病甲。这种亲属活体供脾的做法，美国 1969 年时曾有过尝试，开始时效果极好，凝血因子立刻从零升至 20%，可手术 4 天后，移植脾发生破裂，被迫切除。这是国际上用脾移植治疗血友病甲的唯一一份报告，以后就再无续音，不过，此案例完全证明了脾脏能促进凝血因子的合成。

这正是夏穗生把那位母亲的脾脏移植给她的孩子来治疗血友病甲的理论根据。

脾脏到底有用吗？

在医学史上，脾脏一向被认为是"留之无用，去之无损"的。确实有大量切除脾脏后正常活着的病例。但在漫长的外科实践中，以生命和血为代价，还是为人类换来了一些经验，启发了新的认知：小部分患者在切除脾脏后因严重感染死亡，这种感染被称为"脾切除后凶险感染（OPSI）"。

从二十世纪五十年代以后，人们才开始逐渐认识了脾脏的抗感染免疫功能。除此之外，脾脏还具有抗肿瘤功能，但脾脏这个人体内最大的周围淋巴器官是如此的奇特，它在抗肿瘤时具有双相性，也就是说癌症早期在明显抗癌，晚期则转为副作用，原因至今并不明确。

夏穗生在 1985 年和 1988 年连续参加了两届全国脾外科专题讨论会，正是通过这两次会议的交流探讨，我国外科界形成了较为一致的看法：脾脏有许多重要功能，特别是免疫功能，但不是生命必须的器官，比起心、肝、肺、肾来说，它不是须臾不能离开的，所以外科手术应在"抢救生命第一，保留脾脏第二"的原则下进行。也就是说，地位不能抬高，但也不能盲目切除，切除还是应该视病情而定。

夏穗生还在一篇 2011 年发表于《中华肝胆外科杂志》的论文《脾脏外科的沿革与展望》中写下了一件令他难以忘却的小事，以说明外科医生对脾脏功能与脾切除后凶险感染（OPSI）认识的不足。在首届脾脏外科学术会议上，在听完一份研究脾脏功能的报告后，他向全场提问：

"谁见过脾切除后凶险感染（OPSI）？"

全场寂然无声。

当他再次重复问题的时候，唯一一个说看到过的，竟然是一位内科教授。

他写道："我深切渴望普外科医师千万要记住全脾切除后容易发生脾切除后凶险感染（OPSI）的事实，进行防治以挽救患者生命。"

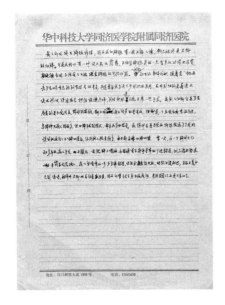
夏穗生未写完的手稿

夏穗生如此关注脾脏功能与脾脏移植，也是因为他与脾脏有一段不解之缘。他在一篇未完成的手稿中写下了他自己认识脾脏的故事。

针对广大农村缺医少药的情况，1965年，毛泽东主席要求"把医疗卫生工作的重点放到农村去"，这便是"六二六指示"。各大医院为了响应这一号召，迅速派出医疗队下乡巡回医疗，夏穗生便多次下乡。他下乡的地点湖北阳新县是一个血吸虫病的重灾区，脾肿大的病人到处都是，他随即在县医院为一些病人做了切除脾脏的手术。

血吸虫病在我国农村非常流行，脾肿大是其主要症状之一。上海、江浙地区也是疫区，所以早在1955年同济医院迁往武汉之前，夏穗生就已经积攒了大量切除脾脏的经验。

随着不断为病人切脾，他在手稿中写道："可是我的内心中有一种说不出的灵感，不相信脾脏真的一点有益的功能都没有，当时，正值我已开始探索脾脏的生理功能。"

由于手稿未完，并不知道其全意，但大致已经可以想到，由于我国血吸虫病的广泛流行，切除脾脏的病人极多，在切除的过程中，夏穗生开始不断怀疑：脾脏也许不那么重要，但也许有些功能呢？只要有功能，就可以利用这些功能来进行脾脏移植，治病救人。

正是有了这样的一段经历，他才会特别在意脾脏功能与切除脾脏可能对患者产生的伤害。

（二）皇天不负慈母心

正因为脾脏这个免疫器官的特殊性，在其移植的时候遇到了更多的问题。

移植异体器官进入受者体内时，必然遭到受者身体的猛烈攻击，这种现象通俗来讲就是排斥异体，是接受方在排斥移植物，这是器官移植的一般规律。通常来讲，免疫抑制剂便被用来阻止排斥，使移植的器官在受者体内存活下来。

但脾脏这个免疫器官更为复杂，脾本身就拥有大量的淋巴细胞群，因而植入的脾脏也能主动攻击受者，这个打击过程叫作移植物抗宿主反应（简称 GVHR）。在移植后，除了受者身体排斥移植物外，移植的新脾脏也会排斥受者的身体，简单来说就是一种双向排斥。

这是一个极其危险的并发症，有时比排斥反应还厉害，病人表现为突然高热、全身红疹、腹泻、贫血、植入脾肿胀，如不及时控制，病人会有生命危险。排斥反应和移植物抗宿主反应是导致脾移植失败的两大主要原因，而移植物抗宿主反应在其他常用的肾、肝、心移植中是不会发生的。所以让移植的脾永久存活，其难度就更大了。

自 1983 年起，夏穗生与团队拾起了这一艰难的课题，进行了有计划的狗脾移植系列实验。在动物实验的基础上，1985 年开始应用于临床，开始取尸体的脾脏，移植给一些患了晚期肝癌和血友病甲的患者。他们从1989 年起将重点转向亲属活体脾脏移植治疗血友病甲，这便有了本节开头母子间脾脏移植的一幕。

夏穗生在一篇科普文章中写道："我们知道，遗传基因结构是决定移植物能否在受体内长期存活的关键，因此像断肢再植这样的手术，因为断肢本为自己的，只要手术技巧过关，根本没有互相排斥的现象。遗传基因结构是那样的复杂，唯一可求的就是亲生父母，因为子女的遗传基因结构，一半来自父亲，一半来自母亲，所以总有50%是相同的。这是一个从根本上减轻排斥反应和GVHR反应的良机。这也是我们做这次脾脏移植的理论根据，伟大的母爱与科学的结合，能否创造一个奇迹呢？"

夏穗生与他的团队施展了全身的本领，顺利地完成了这第一例母子间的脾移植。正如所愿，患儿的凝血因子很快上升到20%，术后25天凝血因子达到51%。术后3个月内，患儿在药物的支持下成功地逆转了5次排斥反应，凝血因子逐渐回落，维持在10%。多次B超检查证明移植脾形态正常，血管畅通，未发生过GVHR反应。

自从移植脾以后，为患儿做注射的针眼不再出血，患儿的皮肤不再出血瘀斑，换牙时也不再出血。为了强化疗效，半年以后，患儿又做了肌腱延长手术，手术安全，没有止不住的出血。术后这位小患者的双腿能够伸直，终于站了起来。

8个月后，这位母亲终于带着爱子出院了。

但将来会怎样，脾脏功能能够持续多久，谁也不知道，谁心里都没谱，因为没有前车之鉴。唯一的一个先例就是20年前在美国的一次以4天就告终的尝试。从这个意义上来讲，这次是真的国际领先了。夏穗生是个医生，他对这一成果有着清醒的认识，既没有国际领先的欣喜若狂，也没有高处不胜寒的恐惧。

他在一篇科普文章中写出了自己人道主义的心声："这次脾脏移植能否真正为治疗血友病甲开辟一条理想之路，还是仅仅留下历史的一页或短暂而美好的片段，现在还难以下结论，等待我们医疗界的依然是刻苦钻研与不断创新。至于这一次的脾脏移植，但愿皇天不负慈母心，让这位母亲如愿以偿吧。"

在第一例脾脏移植的鼓舞下，夏穗生与团队又在同济医院施行了5例亲属活体供脾移植治疗血友病甲手术，其中3例为母亲供脾，2例为父亲供脾。以 8 岁男患儿的一例效果最好。在改进了免疫抑制剂的选用后，夏穗生及其团队于 1990 年 10 月 27 日施行了第二例亲母供脾移植手术，患儿之前膝盖出血不能伸直，经亲母供脾移植后，膝盖伸屈自如，正常上学了。经回访，术后 4 年，其凝血因子维持在 8%—10%，可以骑自行车。术后 10 多年脾脏仍有功能，无自发性出血，这是脾脏移植治疗血友病甲效果最好的一例。

尽管有些成绩，但脾脏移植治疗血友病甲的远期效果仍然难以被称为理想。总的例数不多，排斥反应特别强烈，大多病例一年以后凝血因子水平明显下降，脾脏逐渐萎缩，丧失功能。病例少的原因可能是血友病甲的凝血因子缺乏是有替代疗法的，可以外源性输入解决，虽然昂贵而不便，毕竟还算有办法，所以来自受体方面的渴望不像肝移植或肾移植那样绝对迫切。排斥反应的强烈可能与脾脏的双相排斥的免疫学特点有关。

夏穗生总结道："脾脏移植是我国脾脏外科的特色，是我国移植外科领域中的一枝奇葩。"

对于远期效果不理想、移植的脾脏失去功能的情况，他分析了两点可能的原因：一是脾脏移植是异位移植[①]，因此移植后脾脏供血血流与原位脾脏的血流不一样，移植后脾脏的供血血流没有经过肝脏，这很可能是移植脾脏慢性失功的重要原因。二是长期应用免疫抑制剂过量的结果。

2000 年后，同种异体脾脏移植基本处于停滞状态。但手术的停顿并不代表没有意义，这是一个存在可行性或不可行性的问题，这种思路与经验说不定已经为后人铺下了路，只待后世有心之人，要么继续前行，要么改

---

① 脾脏的原位在胃的上方，位置深，原位移植手术难度大，术后也不利于观察。

道而行。

医学，或是整个科学都一样，探索都是极为艰难的。有人形容科研好比是朝着大概的方向打一堆散弹，结果只有一颗侥幸命中目标。器官移植事业如今已经开枝散叶，救人无数，这背后就有很多的艰难探索。

（三）菩萨心肠

移植医学是应用型医学，一切为了从死神手上救人。若没有这种急迫于救人的菩萨心肠，可能很难做一个好医生。

夏穗生在这一点上显然是急迫的。他自己最擅长的就是肝外科，他在大学的毕业论文就是关于肝癌的。在医学界发现并论证了脾脏的重要抗癌功能后，他就开始迫不及待地尝试将脾脏制成细胞悬液做静脉输注来缓解晚期肝癌的痛苦。在切取正常脾脏后，经灌洗、降温、捣碎、过滤等特殊处理，制成单个细胞悬液，依照患者年龄、体重和病情，一次或多次从外周浅静脉输入。

但这仅仅是一种姑息性治疗尝试，一个医生不能没有菩萨心肠，但有时候拥有菩萨心肠对一个医生来说，又何尝不是极大的痛苦？他在一篇科普文章中无奈地写出了这种痛苦："设想肝癌到了晚期，特别是有着黄疸、腹水和远处转移，现有的各种治疗都已无能为力，面对患者垂危的呻吟，看着患者忍受着痛苦和折磨，在绝望的日日夜夜里苦苦挣扎，作为一个医生如果束手无策，爱莫能助，其内心是何等的沉痛，何等的歉疚。"

五　一个信使的自白

（一）胰腺移植

糖尿病是极为常见的多发病，国内外都一样，是胰腺内胰岛细胞发生破坏性病变，分泌胰岛素不足引起的。我国有大量的糖尿病患者，人们往往并不会将糖尿病患者跟需要器官移植的危重患者联系起来，但是极少部分长期的糖尿病可能会引发肾功能不全而导致肾衰竭，在这种情况下，病患往往就需要器官移植了。

医学界一般对糖尿病治疗按轻重分成几种意见：

（1）早期糖尿病是内科病人。

（2）不伴有尿毒症的糖尿病患者，一般而言，应属内科治疗范围，只有1%的少数不稳定患者，才可以考虑做单纯胰腺移植。

（3）有尿毒症的糖尿病患者，如已做肾移植，应该加做胰腺移植，可以治愈糖尿病，以绝后患。

（4）糖尿病伴有肾功能衰竭尿毒症是胰肾联合移植的适应症。

上述结论是糖尿病伴发肾功能衰竭尿毒症做移植手术的现代观，从而确定了胰肾联合移植的地位。

在我国，胰腺移植的起步较晚，夏穗生于1980年时在武汉同济医院组织学生开始施行狗的同种异体胰腺移植，探索手术式样108例。最终在1982年12月22日，胰腺移植在我国首次进入临床。1983年夏穗生在《中华器官移植杂志》发表的《人异体胰节段移植2例报告》是我国第一篇胰腺移植方面的学术论文。

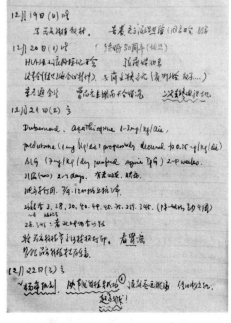

夏穗生的日记中记录了1982年12月22日我国首次胰腺移植手术成功这一重要事件

《人异体胰节段移植2例报告》是我国第一篇
胰腺移植方面的学术论文

（二）肾移植

相较于其他脏器移植，肾移植可谓器官移植的前锋，不仅手术数量最多，其疗效也是各种移植中最好的。如前文所述，肾移植作为器官移植的前锋，优点很多。所以，器官移植以肾移植鸣锣开道，是完全可以理解的，历史的沿革也证实了当初这一预见的科学性。

1954 年 12 月 23 日，Joseph Murray（1919—2012 年）为单卵同胞亲生兄弟做了一次活体肾移植，Ronald Herrick 献出他的肾脏给 Richard Herrick。人们渴望已久的有功能的长期存活出现了，这是人类脏器移植在临床应用史上的第一座里程碑，使肾移植成为器官移植领域中的群龙之首，首登捷峰，也使移植学界信心大增。但这次移植也传递了一个清晰的信息，那便是同卵双胞胎之间的移植和其他人群的移植是有差别的，因其不用顾及免疫反应问题。在此读者们也可以看出，1954 年在其他移植都还没有影子的时候，肾移植已经有长期存活的案例了，可见其先锋地位。

在我国，情况也是一样的。肾移植远远走在其他器官移植的前面。早在 1960 年时，吴阶平（1917—2011 年）就实施了国内首例尸体肾移植，因当时无有效的免疫抑制剂，移植肾存活一个月后就失去了功能。1972 年开展的亲属肾移植存活期便超过了一年，而这个时候，夏穗生的肝移植动物实验才刚刚准备开始。到了七十年代中后期，全国各主要中心均成功开展了肾移植。武医二院（同济医院）当然也不例外，1977 年 10 月 15 日，当时的武医二院便完成了首例临床肾移植。肾移植也是临床最多最成功的器官移植，最开始时器官移植病房里收治的病人也主要是肾移植病人。

（三）武汉医学院器官移植研究所

武汉医学院器官移植研究所的前身是武汉医学院腹部外科研究室，成立于 1965 年 9 月。研究所成立不久，"文革"爆发，一直到 1972 年后才恢复建制，最开始的工作便是夏穗生主持的 130 例肝移植动物实验。

1977 年 3 月 17 日，卫生部批准成立了武汉医学院器官移植研究所，这是我国最早的器官移植专业机构。1980 年 9 月，器官移植研究所正式成立。1980 年 10 月 20 日，《中华器官移植杂志》在武汉创刊，而最早的器官移植病房也在 1984 年 2 月投入使用。夏穗生参与了移植事业创始的全程，自然感慨万千，他写下"长江自古千层浪，黄鹤楼前波亦新"来鼓励持续的进步与发展。在武汉医学院器官移植研究所内，除了肝、胰、脾这些腹部器官与肾脏外，还包括多种多样的脏器移植研究，如胰岛移植、小肠移植、腹部多器官联合移植，等等，在此不再一一详述。

（四）一个信使的自白

移植事业之外，夏穗生还做了一回腹腔镜的信使。

腹腔镜胆囊切除术（Laparoscopic Cholecystectomy，LC）目前在我国已经非常普遍了，其总数已经超过了传统的开腹胆囊切除术。作为最新的手术技术之一，这项微创外科技术是如何传入我国的呢？

夏穗生在一篇论文中给我们讲述了他这个信使的故事。他对任何前沿新事物都极其敏感，讲起这些总是津津乐道，回味无穷。1990 年 8 月下旬，夏穗生应邀参加了在香港召开的第十二届国际肝胆胰学术年会。会上，来自美国的内窥镜和腹腔镜技术的先驱 Dr. George Berci 作了关于腹腔镜胆囊切除术的专题报告，这是夏穗生第一次听说腹腔镜，并产生了极大的兴趣。会议茶歇期间，他就迫不及待地走进医疗公司的展销厅，里面正在反复放映着腹腔镜 LC 的操作录像，他挤在一堆人中间完全看得入了迷。等到录像放完一轮，人群散开，他赶紧抢好最前面的座位，拿好宣传资料，等着下一轮开播，反复观看。

据夏穗生回忆，他坐在前排一动不动地看了 3 遍腹腔镜的操作录像，急于用脑子记住每一个画面。那时他就已经想好了，他一回内地，就要将腹腔镜 LC 作为特大新技术加以专题介绍。为了能记得更详细一些，夏穗生第二天又去展销厅看录像。当时，德国 Storz 公司的销售代表就注意到了他，并询问他是否有疑问。夏穗生表示，他回内地后要立刻作介绍腹腔镜 LC 的学术报告，怕没有经验讲不好，说不清楚，遗漏重要环节，所以一定要多看几遍，好记住一切。这位销售代表即刻拿出了一整套腹腔镜全过程的彩色幻灯片相送。夏穗生喜出望外，如获至宝，即刻回房，开始写介绍腹腔镜的专题报告。

一个多月后，在成都，夏穗生应《实用外科杂志》的邀请，参加了全国梗阻性黄疸学术会议，正是

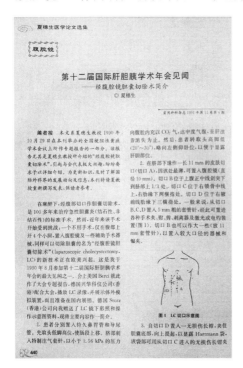

夏穗生的论文《第十二届国际肝胆胰学术年会见闻——经腹腔镜胆囊切除术简介》（部分）

在此次会议上，夏穗生首次向全国同人介绍了腹腔镜。腹腔镜全程手术的幻灯片立刻给现场同人耳目一新的感觉，会后各种询问蜂拥而来，大家也都希望看到腹腔镜的书面材料。

这样，便有了《第十二届国际肝胆胰学术年会见闻——经腹腔镜胆囊切除术简介》一文，此文发表在《实用外科杂志》1991 年第 11 卷第 4 期上，是为夏穗生这个信使所传之信。

六　成为器官捐献者

（一）器官捐献和移植制度逐渐完善

2007 年 3 月 21 日，国务院《人体器官移植条例》颁布，在中国器官移植事业开始尝试走上法治化轨道，以期建立一套可持续发展的器官捐献与移植体系。

但捐献人体器官并非捐献财物，在历史上是没有过的。不同民族在长久的文化传统下，对生与死的理解、对人去世后遗体的处理都有一套符合本民族文化传统的习俗。想要建立起一套器官捐献体系，国家法律政策上的支持、思想习俗文化上的大量工作、媒体的倡导宣传都是不可少的。

2009 年，原卫生部与中国红十字会总会联合工作，探索器官捐献体系的建设，同年，武汉市被列入全国十个试点工作城市之一。为解决器官来源的瓶颈，中国在 2010 年启动了公民逝世后自愿器官捐献工作试点，成立了人体器官捐献工作委员会（CODC）。

2013 年 2 月 25 日，我国开始全面启动了中国公民逝世后器官自愿捐献工作。2013 年 8 月，国家卫生和计划生育委员会出台了《人体捐献器官获取与分配管理规定（试行）》，中国人体器官分配与共享计算机系统建立，器官捐献和移植制度体系开始逐渐完善。

（二）捐献者是伟大的

2013 年 3 月 26 日，是武汉市遗体器官捐献者纪念日。在当日的活动上，已经 89 岁的夏穗生，拄着拐杖，颤颤巍巍地掏出身份证在众多媒体的见证下第一个带头填写了器官捐献登记表，并留下一句话："没有器官就没有器官移植手术，再有能力的医生也无法挽救患者的生命，所以捐献者是伟大的，对以救死扶伤为己任的医生来说，捐献遗体器官是本分工作。"

89 岁的夏穗生在器官捐献登记表上签字

2014 年 12 月 3 日，在云南昆明举行的"中国 OPO 联盟"会议上，中国人体器官捐献与移植委员会主任黄洁夫宣布，自 2015 年 1 月 1 日起，中国公民自愿捐献成为我国器官移植供体的唯一合法来源。

（三）山寺桃花始盛开

4 年之后。

63 岁的恩施人陈爹爹觉得右眼畏光，经常流眼泪。一周后，右眼发炎剧痛，视力下降，看东西越来越模糊。到武汉同济医院就诊后，确诊为右眼蚕蚀性角膜溃疡。这是一种严重的致盲性眼病，陈爹爹的右眼角膜已经溃疡穿孔，还有白内障，只能等待角膜移植。同时，家住仙桃47岁的王先生右眼边缘性角膜变性，也就是周边部的角膜越来越薄，最终会导致角膜穿孔和失明，也只能等待角膜移植。

2019年4月22日，同济医院眼科李贵刚医师将夏穗生捐献出的部分角膜移植给了王先生。手术前，王先生毫不犹豫地填写了《武汉遗体捐献志愿者申请登记表》。复查时，医生发现王先生移植的角膜已经很好地与他自己的角膜愈合，视力也从手术前的0.05提高到了0.3。

2019年4月28日，李医生又将夏穗生捐献出的部分角膜移植给了陈爹爹，经过半个多月的康复，复诊时，陈爹爹移植的角膜已经愈合，视力也比手术前提高了许多。更重要的是，角膜移植手术避免了眼内炎、视网膜脱离、眼球萎缩这些导致陈爹爹眼睛失明的危险因素，为进一步治疗、

夏穗生所捐献的眼角膜

提高视力创造了条件。

愿他们的视力都能得到彻底恢复，在人间四月芳菲尽之时，去看看那些始盛开的山寺桃花。

七　关于器官移植

（一）活体器官

器官移植这种替代医学可以使用的替代器官，简单来说，就是两种：尸体器官和活体器官。活体器官是指活人所提供的器官，尸体器官是指人死后所提供的器官。

相较于尸体器官，活人由于自己本身维持生命的要求，可以提供的器官是有限的。夏穗生在一篇科普文章中通俗地讲述了活人如何提供器官："也许有人会问，器官给别人，自己怎么办？从生理角度上讲，这是没问题的。因为人体内有的重要器官如肾和肺都是成对的，其实，一个肾或肺已足够维持一个人的生理需要。有的器官体积很大，如肝脏，肝的再生能力很强，切下 1/3 甚至 50% 移植给他人，供受双方也都能具有足够的肝功能。胰腺也一样，移植节段胰尾足矣。当然，也有例外，如心脏，由于心脏的各部分解剖、生理功能各异，不能相互代替，所以，将一个供心切取部分来保持供心者性命的同时，达到救活受者，是迄今未能做到的。"[①]

活体器官移植最重要的还是严格的医学伦理问题。国际上只允许两类情况下的活体器官移植：一是血缘上有关联的，二是情感上有联系的。

---

① 这段话仅是从生理学角度讲述活体器官移植的可行性与不可行性，并非指活体器官移植对供者没有影响。笔者注。

临床来看，肾移植是亲属活体移植中最多的。亚洲的亲属活体移植非常盛行，占绝对优势，这从一个侧面也说明了东方传统观念、家庭与亲情观念的影响力；西方亲属活体移植的比重远远小于东方，但死后器官捐献的移植又远远大于东方。

从免疫学角度来说，器官移植术后一定会发生各种排斥反应，它可摧毁移植器官，导致失败。而排斥反应的发生频率和严重程度，主要取决于遗传基因中 HLA（人类白细胞抗原）位点的差异，如果供、受两者的 HLA 的 6 个位点全部相符，则移植远期效果较好。6 个位点错配越多，效果越差。如果活体供、受双方有近亲血缘关系，6 个位点容易全相配。这也是亲属活体器官移植效果最好的原因。在近亲属中，配偶是唯一没有血缘关系的亲属，但奇怪的是，配偶活体移植的效果近似血缘亲属活体移植。

亲属活体器官移植，表现在夫妻间、母子间、父女间、兄弟间和姐妹间，人世间所能见到的山盟海誓和生死与共也不过如此了。

（二）尸体器官与脑死亡

移植所用的替代器官都是人提供的，人体在死亡前被称为活体，死亡后被称为尸体。尸体器官和活体器官中间隔着"死亡"二字。这里面，如何定义死亡便成了关键问题。

死亡在世界上任何一个民族看来都是一件无比重大的事，远远超出了医学的范畴。但医学对死亡有着十分清晰的认定：死亡就是生命的终结，是不可逆的。一个人一旦死亡，就是永远死亡，不可能再复活。历来人们对死亡的开始时刻有两种不同的看法：一是心跳停止，这被称为心死亡；二是以中枢性自主呼吸停止为主要标准的脑死亡。脑死亡是全部脑功能或脑干功能的永久性丧失。

传统社会都习惯以心跳停止的心死亡作为死亡的标准，也是法律上宣布死亡的依据。一般人群哪怕没有任何相关知识，也都知道心跳是确定是否死亡的关键。这里其实是一个反向推导思维，因为对于人类来说，心跳是最重要、最直接的生命指标，是"活着"的标志，一旦失去，也就意味着死亡。

脑死亡的定义最早出现在美国，1968年，美国哈佛医学院发布了脑死亡哈佛标准，后几经修改完善。夏穗生在一篇科普文章中大致总结了如下细则以判断脑死亡：

（1）病因明确，需排除掉急性药物中毒（如镇静剂安眠药的使用）、低体温（肛温32℃以下）、代谢及内分泌紊乱引起的疾病。

（2）深昏迷：必须为Glasgow分级3度，不能说话、睁眼和运动，对任何疼痛刺激毫无反应。

（3）双侧瞳孔必须固定并至少散大4mm，对强光刺激无任何反应。

（4）脑干反射消失：包括瞳孔反射、外眼反射、角膜反射、作呕和咳嗽反射全部消失。

（5）无自主呼吸，需作窒息试验证实。

（6）不可逆情况：观察时间长短取决于临床判断，一般观察时长为24小时。

（7）脑电图平坦，脑医学影像扫描或动脉造影无血液流动。

（8）必须由经验丰富，持有专业委员会证书的医生专家，做出诊断和书面记录，此处器官移植医生应该回避。

慎重起见，夏穗生又着重强调了脑死亡与植物人的区别，他写道："脑死亡的实质内容是脑干死亡。而脊髓部分可以死亡，也可以活着。脑干死亡是必要条件，是区别脑死亡与植物人的关键。必须指出的是持续性植物人状态仍然是活人，因为持续性植物人，尽管大脑已死亡，但脑干以下仍存活，有正常的呼吸、循环功能，可长期活着，偶尔也有沉睡昏迷较长时间后恢复清醒的报道。"

脑死亡的采用与立法对器官移植极其重要。夏穗生写道："采用脑死亡供者的器官，优点是由于人工呼吸机的使用，脑死亡者虽已死亡，但其呼吸、血液循环和心跳可以维持很长时间，在此期间切取器官可以从容不迫地进行，如同正常手术一样，可以做仔细的分离、切断、结扎、止血等操作。并且由于器官几乎没有热缺血时间，移植后功能能立刻恢复，这对缺血敏感器官如心、肺尤为重要，特别对心脏作为单一器官，又不能做活体移植，更是难能可贵。"

相对来讲，心跳停止的心死亡，血液循环失去，器官将在很短的时间内失去活力，能再被利用为器官移植的机会就很少了，这种时候的捐献只有解剖学或器官移植科研的作用，而不是立刻拯救生命了。

目前，全世界有 100 多个国家承认脑死亡标准，其中与我国民俗、文化相似的国家有日本、新加坡。在我国，也有台湾和香港两地承认脑死亡标准。但必须清醒地认识到，脑死亡并不仅仅是一个医学概念，其涉及伦理学、社会学、法学、民族习俗、文化传统等一系列问题。脑死亡绕过了"心跳"这一标准，就可能将一个仍然有"心跳"的人认定为死亡，这对于一个千年来认为"一切由心而生"的古老民族来说，可能还需要有一个逐渐接受的过程。

台湾在心死亡和脑死亡问题上的双标准非常有借鉴意义。当地法律规定：医生从尸体上切取器官施行移植手术，必须在器官捐赠者被其诊治医生判定为死亡之后为之。若死亡是以脑死亡为标准，应遵循卫生主管部门的相关程序规定，判定死亡的医生不得参与切取和移植手术。这其实是在说，死亡以心死亡为标准，若此处医生以脑死亡为标准，则有另一套规定需要遵从，而这种法律就有了相当大的灵活度。

面对严重的器官供体短缺问题，倡导公民在自愿无偿原则下的死亡后爱心捐献与脑死亡立法就显得格外重要了。

但更重要的是，器官移植与脑死亡的关系绝不能倒置。器官移植只能是脑死亡标准的客观被动受益者，而不是动机，也绝不能是动机。脑死亡不是为了提供高质量器官给器官移植，而是现代医学对死亡标准的完善和补充、对急救医学抢救原则的科学规范。

（三）器官捐献

其实，器官捐献不论是心死亡后还是脑死亡后，都在一定程度上挑战了传统文化与习俗。只是脑死亡对传统的挑战更大，在习俗上更难以接受罢了。许多传统习俗抱有一种"全尸"的理念，又或是某些"转世"的理念，认为器官的缺失会导致某些严重的后果。

一个民族千年来的文化传统是多元化、多种多样、大体量的，不应固执保守地纠缠在一两个社会习俗上面。更何况，社会习俗与民族精英文化有相当大的差距。

八　师生与医患

（一）师生之间

夏穗生在 1962 年评上副教授，"文革"后大学开始恢复秩序，1979 年时开始招收研究生。他于 1980 年评上教授，1981 年成为我国首批博士研究生导师。夏穗生对学生可谓万分严格，明确要求硕士生做的课题必须是国内没有的，博士生做的课题必须是国际上先进的。他的各式问题更是刁钻古怪，不讲情面，学生们常常被问得哑口无言，看到他绕道走的有不少，更是没有不害怕他的。

对于国家高科技人才的培养，夏穗生有专门的分析文章，他认为，要完成一种高质量的科技研究项目或探索一种新的尖端理论，都需要一个结构合理的科技梯队。他在文章中形象地比喻了这种战斗梯队。

其中，需要有一至两个学术带头人为"统帅"，人数不多的学术核心成员，作为负责某一方面的"大将"，还需要相当数量有抱负、能脚踏实地工作的学术骨干，作为一个分题的"将"，然后再辅以大量的中、初级实验技术人员。

这样的梯队便构成了一个战斗实体，这个实体是宝塔形的，而博士生的

A teacher affects eternity, he can never tell where his influence stops.
—— Henry Adams

《国务院学位委员会公报》1981年第三号增刊登载的《医学硕士学位授予单位及其学科、专业名单》，夏穗生为武汉医学院教授

培养就是提供"将"以上的人才库。

对于他所从事的这门实用外科（属临床医学中的普外科与器官移植学）的性质和特点，他认为应该从三个进程七个方面来培养博士生。

第一个进程包括三点：

（1）会"做"。掌握实验技能与手术操作，这是外科医生最基本的。

（2）会"讲"。善于做学术报告，能把自己的工作成果系统、全面地介绍出来。

（3）会"写"。能撰写质量较高的学术论著，逻辑清楚，层次分明，行文流畅，有创新，有分析，有见解。

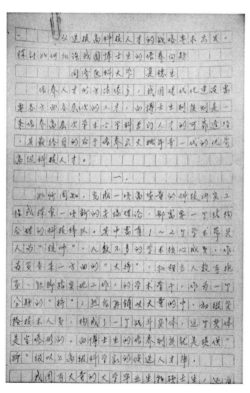

夏穗生的文章《从选拔高科技人才的战略要求出发，探讨如何加强我国博士生的培养问题》

第二个进程包括两点：

（1）会"教"。能教带下级医生，善于讲解、启发，有别于一般临床医生。

（2）会"管"。有一定的行政管理经验、组织能力。

第三个进程包括两点：

（1）会"治理"。能分析行业现状，制定技术路线、研究方法与研究途径，合理安排人力、物力。

（2）会"思考"。能拥有敏锐的目光，看出学科的新动向，善于思索，发现未知的方向性问题。

在这三个进程中，夏穗生

认为，第一个进程是基本的，可称为"将"；若加上第二个进程的两点，便为"大将"；若再加上第三个进程的两点，便成了"统帅"——真正的战斗梯队便形成了。

当然，他也认为，这三个进程并非循序渐进的，亦非截然分开的。学生由于天赋、大学根基、外文、社会经历等复杂因素，在各方面的差异是极大的。事实上，人无完人，才无全才，导师还是应该善于发现学生的潜质，引导其发挥所长。

对于博士生导师的角色，夏穗生也有明确认知。他最为强调的便是"甘为人梯"与"伯乐相马"的精神。由于器官移植是一门引进的实用外科技术，在教学方面自然有独特的地方，当然也有与其他学科相同的地方。

对此，夏穗生特别强调的是以下几点：

（1）手术技巧。外科手术事关人命，学生在经验不足时，上手术台肯定是十分紧张的。夏穗生不留余力地鼓励他的学生，被学生引用最多的一句话便是："你们大胆做，成绩是你们的，失败是我的，责任我来担。"

（2）踏实做学问。夏穗生对学术腐败恨之入骨，他反复告诫学生："做学问要诚实，学问最忌讳的便是掺假与浮躁。"

（3）外语能力。夏穗生十分看重外语能力，他自己熟练掌握德语和英语，还会阅读法语文献，因为他的课题在当时都是国内首创，需要广泛阅读外国文献。

至于勤奋这一条，在他这里，基本上是可以忽略不论的。因为，在他看来，勤奋是基本配置。

当然，师生间是灵魂授受。古人说，天地君亲师，可见老师对一个人的重要性。

许多人的老师都是对自己影响最大的人，特别是对拥有某些执着精神追求的人来说，教师的影响力甚至远超父母。师生交往中必然少不了感人的细节与故事，笔者并非夏穗生的学生，自然无法提供更多教学与相处中的细节，但也无意在此转述他的学生所提供的细节。

因为转述恐怕会令此种情感大打折扣。

（二）医患之间

2005 年，夏穗生曾在《中国实用外科杂志》2005 年 1 月第 25 卷第 1 期发表过一篇有关医学哲学思考的文章——《外科疾病诊治过程的哲学思考》，这是他公开发表的唯一一篇此种类型的文章，文中清晰地表述了他对于作为一个医生应该以怎样的方式去对待患者的相关观点。

在文中，夏穗生清楚地表明了在医患关系中，要彻底摒弃以下常见的错误观点：

（1）职责观点：认为整个诊治过程是治病，不是社交，和患者不发生其他任何联系。

（2）恩赐观点：把治疗看作对患者的恩赐，患者只能感恩，不能有疑问、猜想与不满。

（3）盈利观点：把外科手术作为一种敛财的手段。

（4）出名观点：把治愈疾病当成自己沽名钓誉的手段。

那应该以怎样的态度对待患者呢？

夏穗生的《外科疾病诊治过程的哲学思考》一文稿

他写道：

> 正确的医患关系应是视患者为亲人的观点：患者的一切痛苦，就是外科医师自身的病痛。外科医师治病，应切实做到无私奉献，施展全身本领，治愈疾病，才无愧于心。

从夏穗生的文章看，他本人是将医学的人文情怀寄托在了人伦"亲情"与佛教"慈悲"的理念之上。他在文中写道：

> 外科医师的行医主导思想，应视患者为亲人。一名外科医生应该具有"救人一命胜造七级浮屠"的慈悲思想，用自己掌握的外科技术，有决心实现"在鬼门关前，抢回患者性命"的心愿，以尽医师的天职。

当然，不因贫富贵贱区分对待病人也是极其重要的。

古话说，医者父母心。所有的病人都应该被医生视为孩子，就像佛眼中，一切都叫众生一样。

如果在此只讨论医生应该如何对待病人是不够的。病人对医生的影响与意义在哪里呢？世界肾移植先驱 Joseph Murray 在《灵魂的手术》中说：

> 手术对我来说最有意义的部分——不是解决难题的智力挑战，不是帮助别人带来的嘉奖，也不是所救之人对你的感谢。在患者身上，我们见到了最原始的人性——恐惧、绝望、勇气、理解、希望、无奈接受、英雄主义。我们的患者教给我们如何对待生命，特别是，如何面对逆境。

说到底，是病人成就了医生。

就夏穗生来说，他对手术室或医院之外的生活的兴趣可以说寥寥无几。他生活在一个纯粹的医学世界里，在他奋战一生的领域，正是病人成就了他的智慧、勇气与仁心。

对于器官移植来说，除了病人，还多了伟大的捐献者。在器官移植术中，病人与捐献者之间那些生死悲欢的轮替，就算对一个见惯生死的外科医生来说，总还是会有些无法言说的意义。

本书送给他们。

夏穗生年表 ①

余姚

1924.4.17　出生于浙江省余姚县韩夏村一个乡绅家庭

1930—1935　在余姚韩夏村启蒙小学与启粹小学接受童蒙教育

上海

1935—1942　就读于沪江大学附属中学 ②

1942—1945　就读于上海德国医学院（Deutsche Medizinische Akademie Schanghai，简称 DMAS）

1946—1949　就读于上海国立同济大学医学院，毕业后留附属中美医院外科工作

1949　在上海同济大学医学院附属中美医院外科工作

1950.1—1950.3　参加上海血吸虫防治大队（太合）第一小组

1951.8—1952.2　上海抗美援朝志愿医疗队第六队（驻扎吉林长春）住院军医

1952.12.20　与石秀湄在上海结婚

1955.5　全家随上海同济大学医学院及附属同济医院迁往汉口

---

① 小学时，曾使用名夏汉祥，中学开始后便一直使用名夏穗生。曾使用笔名"惠生""禾生"在《大众医学》上发表文章。

② 中学期间，夏穗生曾短暂在私立上海中学与浙江春晖中学就读。

武汉

1955.5 武汉医学院附属第二医院外科，讲师，主治医师

1957 施行了5次典型性肝切除手术

1958 发表《肝部分切除手术》一文，是我国病肝切除外科治疗肝疾病的开端

1958.9.10 夏穗生将一只狗的肝脏移植到另一只狗的右下腹，手术后这只狗存活了10个小时，这是我国首例肝移植实验研究手术

1959—1960 参加湖北省阳新县除害灭病队

1962 武汉医学院附属二院外科副教授

1962 对100例新鲜尸体实行肝门外科解剖并系统观察了结果，发表《肝门外科解剖》一文

1964 发表《肝外科近展》一文，是我国第一篇介绍肝移植的学术论文

1965.9—1966.2 参加湖北省第二批巡回医疗队

1965.9 武汉医学院腹部外科研究室成立，夏穗生任副主任

1966 "文革"开始，夏穗生被打成"资产阶级反动学术权威"，参加劳动改造

1970.5—1970.9 参加武汉医学院谷城教改队教材编写组，任副组长

1972.12 武汉医学院腹部外科研究室恢复建制，拟定肝移植和脏器保存液作为重点课题

1973.9—1977.12 130例狗原位肝移植实验，摸索出一条完整式式，可供肝移植临床参考，这是我国系统性器官移植研究的开端

1975.1—1976.5 参加中国援阿尔及利亚医疗队，在梅迪亚医院外科工作

1978 发表标志性论文《130例狗原位肝移植动物实验和临床应用》

《130 次狗原位肝移植手术的分析》

　　1978.10.8　施行第 3 例肝移植，患者术后存活 264 天，为早期肝移植存活期最长一例

　　1980　任武汉医学院附属二院外科教授

　　1980.9　武汉医学院器官移植研究所成立，任副所长

　　1980　《中华器官移植杂志》副总编辑 ①

　　1981　成为我国首批博士研究生指导老师 ②

　　1982—1983　施行我国首例临床胰腺移植，并于第 2 例手术后，发表《人异体胰节段移植 2 例报告》，是我国第一篇胰腺移植报告

　　1983　施行我国首例带血管肾上腺移植

　　1983　《中国实用外科杂志》副总编辑

　　1984　卫生部批准器官移植病房建制 30 张床，是我国首个器官移植病房

　　1984　《中华实验外科杂志》总编辑

　　1985　施行我国首例尸体供脾移植手术

　　1985—1994　同济医科大学器官移植研究所，所长

　　1986—2001　卫生部器官移植重点实验室，主任

　　1989　施行我国首例亲属活体脾移植手术

　　1990　首次在我国引进腹腔镜胆囊切除技术

　　1993　《临床外科杂志》总编辑

　　1994　施行我国首例腹部多器官联合移植手术

　　1995　《器官移植学》由上海科学技术出版社出版，是我国首部器官

----

　　①　夏穗生学术任职还有：中华医学会外科学会副主委、中华医学会器官移植学会主委、卫生部人体器官移植技术临床应用委员会（OTC）顾问委员等。
　　②　共培养博士后 1 人，博士 44 人，硕士 25 人。

移植学的著作 ①

　　2013.3.26　登记成为一名遗体（器官）捐献志愿者

　　2019.4.16　在武汉同济医院离世 ②

---

　　① 夏穗生共发表第一作者学术论文 270 余篇，主编专著 20 余本。

　　② 2019 年 4 月 22 日，夏穗生所捐献的部分眼角膜被移植给了一位 47 岁的患者，2019 年 4
月 28 日，夏穗生所捐献的部分眼角膜被移植给了一位 63 岁的患者。

参考资料

一、书目

1.〔苏〕鲍里斯·帕斯捷尔纳克（Boris Leonidovich Pasternak）著，黄燕德译：《日瓦戈医生》，天津人民出版社 2014 年版。

2.〔美〕费正清（John K. Fairbank）编，杨品泉等译：《剑桥中华民国史（1912—1949）》上卷，中国社会科学出版社 1994 年版。

3.〔美〕费正清（John K. Fairbank）、费维恺（Albert Feuerwerker）编，刘敬坤等译：《剑桥中华民国史（1912—1949）》下卷，中国社会科学出版社 1994 年版。

4. 葛兆光著：《中国思想史》第 2 版，复旦大学出版社 2016 年版。

5. 何小莲著：《西医东渐与文化调适》，上海古籍出版社 2006 年版。

6. 湖北卫生厅编：《名医风流在北非》，新华出版社 1993 年版。

7. 李乐曾著：《德国对华政策中的同济大学（1907—1941）》，同济大学出版社 2007 年版。

8. 杨奎松、林蕴晖、沈志华、钱庠理等著：《中华人民共和国史（第二卷）》，香港中文大学出版社 2008 年版。

9. 卢刚、王钢编：《德源中华济世天下——同济医学院故事集》，华中科技大学出版社 2017 年版。

10.〔美〕洛伊斯·N. 玛格纳（Lois N. Magner）著，刘学礼译：《医学史》，上海人民出版社 2019 年版。

11. 马先松、赵小抗编：《同济医院志》，武汉出版社 2000 年版。

12. ［美］R. 麦克法夸尔（Roderick MacFarquhar）、费正清（John K. Fairbank）编，谢亮生等译：《剑桥中华人民共和国史》［上卷：革命的中国的兴起（1949—1965）］，中国社会科学出版社 1990 年版。

13. ［美］R. 麦克法夸尔（Roderick MacFarquhar）、费正清（John K. Fairbank）编，谢亮生等译：《剑桥中华人民共和国史》［下卷：中国革命内部的革命（1966—1982）］，中国社会科学出版社 1992 年版。

14. 慕景强著：《民国西医高等教育（1912—1949）》，浙江工商大学出版社 2012 年版。

15. 慕景强著：《西医往事——民国西医教育的本土化之路》，中国协和医科大学出版社 2010 年版。

16. ［英］史蒂夫·帕克（Steve Parker）著，李虎译：《DK 医学史》，中信出版集团 2019 年版。

17. 王瑞来著：《近世中国——从唐宋变革到宋元变革》，山西教育出版社 2015 年版。

18. 翁智远、屠听泉编：《同济大学史》第一卷（1907—1949），同济大学出版社 2007 年版。

19. 吴国盛著：《什么是科学》，广东人民出版社 2016 年版。

20. 吴国盛著：《科学的历程》，湖南科学技术出版社 2018 年版。

21. 夏穗生编：《中华器官移植学》，江苏科学技术出版社 2011 年版。

22. 夏穗生、于立新、夏求明主编：《器官移植学》第 2 版，上海科学技术出版社 2009 年版。

23. 夏穗生编：《临床移植医学》，浙江科学技术出版社 1999 年版。

24. 夏穗生、陈孝平主编：《现代器官移植学》，人民卫生出版社 2011 年版。

25. 夏穗生编：《腹部脏器移植研究》，湖北科学技术出版社 2005 年版。

26. 夏穗生著:《夏穗生医学论文选集》,江苏科学技术出版社 2012 年版。

27. 许纪霖著:《安身立命:大时代中的知识人》,上海人民出版社 2019 年版。

28. 许晓鸣编:《隽永——沪江大学历史建筑》,上海文化出版社 2006 年版。

29. 徐中约著:《中国近代史》,香港中文大学出版社 2001 年版。

30. 余英时著:《中国近世宗教伦理与商人精神》,(台北)联经出版事业股份有限公司 1987 年版。

31. [美]约书亚·梅兹里希(Joshua Mezrich)著,韩明月译:《当死亡化作生命》,中信出版集团 2020 年版。

32. 曾盈编:《同济大学医学院图史》,同济大学出版社 2019 年版。

33. 张晓丽著:《近代西医传播与社会变迁》,东南大学出版社 2015 年版。

34. 左玉河著:《从四部之学到七课之学》,上海书店出版社 2004 年版。

35. Calne, Roy, *Art, Surgery and Transplantation* (London: Williams & Wilkins, 1996).

36. Murray, *Joseph*, *Surgery of the Soul* (Boston: Watson Publishing International, 2001).

37. Starzl, Thomas, *The Puzzle People: Memoirs of a Transplant Surgeon* (Pittsburgh: University of Pittsburgh Press, 1992).

二、论文、报纸资料

1. 程再凤:《晚清绅士家庭的孩子们(1880—1910)》,华东师范大学硕士论文,2011 年。

2. 黄洁夫：《推动我国器官移植事业健康发展的关键性举措——心死亡器官捐献试点工作原则性思考》，《中国器官移植杂志》2011 年第 1 期，第 1—4 页。

3. 黄洁夫：《中国器官捐献的发展历程与展望》，《武汉大学学报》（医学版）第 37 卷第 4 期（2016 年 7 月），第 517—522 页。

4. 李安山：《中国援外医疗队的历史、规模及其影响》，《外交评论》2009 年第 1 期，第 25—45 页。

5. 李乐曾：《同济大学历史上的德籍教师》，《同济大学学报》（社会科学版）第 12 卷第 2 期（2002 年 4 月），第 12—17 页。

6. 李亦婷：《晚清上海的英语培训班——以英华书馆和上海同文馆为个案的研究》，《都市文化研究（第 8 辑）——城市史与城市社会学》，第 268—275 页。

7. 凌富亚：《孤岛时期基督教中学的教育危机与应对》，《江南大学学报》（人文社会科学版）第 18 卷第 1 期（2019 年 1 月），第 63—68 页。

8. 苏知心：《新中国建立初期高校院系调整的历史考察》，《江苏第二师范学院学报》第 34 卷第 1 期（2018 年 2 月），第 25—31 页。

9. 徐茂明：《江南士绅与江南社会：1368—1911》，苏州大学博士论文，2001 年。

10. 杨佐平：《在"孤岛"坚持办学的沪江大学》，《文汇报》2015 年 8 月 21 日，第 7 版。

11. 周武：《太平军战事与江南社会变迁》，《社会科学》2003 年第 1 期，第 93—102 页。

三、其他资料

1. 上虞《桂林夏氏宗谱》，源自中国农村数据库。